U0062087

禪的快樂密碼

吳言生 著

目　錄

自　序

1

　　這本書的內容是說禪，因為禪是坐出來的，是行出來的，是悟出來的，也是說出來的。

　　禪是坐出來的。什麼是禪？「獨坐大雄峰」。在大雄峰頂，在妙高峰頂，在人生覺悟的峰頂，與真實的自我對話，身心脫落，脫落身心。樹凋葉落，體露金風。這樣的坐禪，透露着悟的消息。

　　禪是行出來的。古代的高僧大德，一缽千家飯，孤身幾度秋。芒鞋踏破嶺頭雲，穿越千山萬水。掬水月在手，弄花香滿衣。在春花秋月、夏雲冬雪中，體悟一花一世界，一葉一菩提的永恆。

　　禪是悟出來的。世尊拈花，迦葉微笑，禪，在詩意氤氳中，在心心相印中，燈燈相照，代代相傳。禪師們或揚眉瞬目，豎指擎拳，或蒲團冷坐，摒絕萬緣。一朝桶底脫落，心花頓發，頓悟眼橫鼻直，柳綠花紅。

　　禪也是說出來的。佛學思想，禪的三昧，一經語言說破，往往容易流於口頭禪，墮入野狐趣。所以禪門大師從來不肯輕易說禪，只是讓學人自己去體會，這叫做「鴛鴦繡取從君看，莫把金針度與人」。但是，為了讓大家妙悟禪機，領悟禪髓，又不妨以有言顯無言，以有形顯無跡，以手指示月亮。從文字般若，進入實相般若。

2

人人皆有佛性，人人皆有本心。

只因分別執著，致使流浪紅塵。

斷除世俗煩惱，放下執著之心。

徹悟本心本性，即見自家光明！

本心、執著、放下、回家，這是佛學的總綱領，也是本書一以貫之的禪思想。

不惑之年，我拜謁了佛門泰斗淨慧長老，長老為我取法名「明心」，可謂用心良苦。

佛陀為了一大事因緣出現於世，禪宗的最終目標，就是為了讓芸芸眾生，頓明本心，頓悟本心。坐禪、行禪、悟禪、說禪，都是為了明白這個本心。

人類在童年時代與他們所棲居的這個世界渾然一體，揚眉瞬目，一顰一笑，純乎天籟。隨着分別智的生起，人們從與世界的本真合一狀態中分離出來，追名逐利，趨樂避苦，忙忙碌碌地度過了短暫的一生。於是，在生命的旅途上，到處是疲憊倦怠的旅人。我們常常無望地叩問蒼穹：

「我是誰？」

對本心的追尋，是禪的終極關懷。重現本來面目，回到相對認識產生之前的絕對境界，是禪的主要目標。本來面目就是清淨的自性，就是我們的本心本性。

佛因覺悟本心而為佛，眾生因不明本心而為眾生。

3

很多年前，一位前輩為我題過一首詩：「才華八斗堪珍重，且作江山萬里行。若有詩情莫輕寫，無言自有妙言生。」得到了這樣的勉勵後，我就很少率然寫詩，開始注重行萬里路，參山水禪，在無言獨照心月孤圓中體會禪境。

就這樣，名山名寺、荒山野寺，十方叢林、茅篷精舍，都留下了我竹杖芒鞋、一蓑煙雨、參禪悟道、跏趺靜坐的身影。

在禪坐中，在行走中，在參悟中，我的身體與心靈，一層一層地脫落，到最後，「無眼耳口鼻身意」，沒有了軀體，如同一滴水融入了大海。

我成了春花秋月，夏風冬雪，成了簷前的雨滴，成了松間的微風……

虛空粉碎，大地平沉。

山中無甲子，寒盡不知年。

在靜默中，覺悟的蓮花璨然綻放。

4

渡越了漫漫的劫波，我將自己定中的悟禪體驗，寫成了《禪宗思想淵源》、《禪宗哲學象徵》、《禪宗詩歌境界》三本書，合稱「禪學三書」，在中華書局出版。禪學三書出版後，受到了各界讀者的歡迎。

禪學三書受到讀者的厚愛，使我受到莫大的欣慰與鼓勵。由於禪學三書篇幅較大，我決定把自己的悟禪體驗，用更容易為大家所喜愛的方

式，撰寫出來，與大家共同分享。

近年以來，我的說禪足跡遍及大半個中國，說禪的對象有佛門大德、專家學者、政府官員、企業家、海歸人員、企業白領、碩博士研究生、大學生、外國學生、佛學院學僧、佛教居士，等等，不勝枚舉。幾乎是每個週末，我都要飛赴全國各地，為北京大學、清華大學、中山大學、上海交通大學、華商書院等高校和機構的各種國學班、商界領袖博學班、禪宗智慧研修班，講說禪宗智慧。教學相長，通過和大家的交流互動，從心靈與心靈的碰撞，思想與思想的激發中，我越來越深地體會到，我們的時代、我們的社會、我們的眾生，對禪的智慧的需要如饑似渴。而數百場禪學講座的歷煉，使我清清楚楚地明白了要說好禪的兩個最重要的問題：

一是，說什麼；二是，怎樣說。

說什麼？禪的智慧博大精深，是一座取之不盡、用之不竭的無窮無盡的寶藏。因此，我要「說」的，必須是精華中的精華，智慧中的智慧，般若中的般若。

怎樣說？我的「說」禪，直指人心，透入修證的層面，以當代人最契合的方法，以當代人最易解的形式，以當代人最喜愛的風格，將禪的精髓要義原汁原味地悉數傳達給讀者。丁亥年春，柏林禪寺方丈明海大和尚為我題寫了八個字：「言滿天下，生趣盎然。」對我的說禪給予了莫大的勉勵。

事實上，通過禪修體驗，小我昇華為大我，大我提升為無我的時候，這本書實際上不是「我」在說禪，而是禪的自身在敍說它自己。

我未嘗在說禪，讀者諸君又何嘗在聽？

這就是無說之說，不聞之聞，這就是拈花微笑式的心心相印。

無説之説，是真正的言説；不聞之聞，是真正的聽聞。

在會心一笑中，我們與禪的智慧，邂逅相逢；沐菩提甘露，結智慧勝緣，用禪的智慧來點化我們的人生。

5

凝聚着東方智慧的禪，以其對個人生命和心靈的關注，對真實人生的追求，在全世界引起了強烈的震動。

在中國歷史上，一千多年來，禪學吸引了不少文人士大夫，從而成為他們精神生活的一部分，使他們生活得瀟灑超脱。禪是中國文化的傑作，通過歷代的文人士大夫，對中國文化的各個領域產生了深刻而久遠的影響。

十二世紀之後，中國禪傳入日本，在日本得到了巨大的發展，深深滲入了日本人的生活以及社會文化的各個層面，成為日本文化的支柱。

二十世紀初，禪宗傳到歐美，使東西方文化在更深層的精神領域中交融，禪宗成為挽救西方人心理危機、填補心靈空虛的靈丹妙藥，西方世界的各種禪定中心如雨後春筍般地興起，禪宗已經滲透到西方文化的各個領域。

在當今的歐美、日本、韓國，以及中國大陸和台灣、香港地區，也興起了如火如荼的參禪風氣，從文化精英、政界要員、商界領袖，到普通員工、青年學生，無不利用節假日到佛寺禪舍、山間水曲，尋師訪道，向禪師們請教如何去除人生煩惱，如何活得瀟灑自在。

禪的智慧為處在利慾紛爭的世俗人生注入了一股除去煩惱的清泉，

是當代最能福佑世人的無盡寶藏之一。禪的精髓是當代人士提升智慧的非常有效、直截的途徑。

通過感悟禪宗智慧，我們可由事業的成功走向人生的成功、覺悟的受用。

石蘊玉而山輝，水懷珠而川媚。石山上蘊藏着美玉，山自然會光輝；水流裡孕育着珍珠，水自然會秀美。有了這顆悟道明珠的出現，這世界就會熠熠生輝。

有思路就有出路，有禪法就有辦法，有智慧就有一切。有了禪的智慧，我們就會轉凡成聖，點鐵成金，使生命別具一番風采和神韻。

當今，萍飄梗泛、無家可歸已成了時代的痼疾，在這個功利的、浮躁的、喧囂的、短視的時代，希望藉由這本書，通過我的不說之說，能夠使大家體會禪學要義，掌握禪學精髓；激發生命潛能，涵養智慧人生；讓生命多一份雍容，多一份淡定，多一份幸福，多一份寧靜。從而回歸於赤子，回歸於樂園，回歸於本心，回到我們的明月之性，白雲之性，高山流水之性，從而詩意地棲居於這個大地之上，將電光石火般的短暫，化作萬古千秋的永恆。

6

禪門結勝緣。我和禪的結緣，正好應了一句話，叫做「詩禪合一」。

唐代的王維就是生活在一個有濃郁佛教信仰的家庭。王維，字摩詰，維摩詰是佛教裡面最著名的大居士。宋代的蘇軾、王安石，以及此後各朝各代的很多一流的文學大師，在他們的作品裡面都表現了對禪宗哲學

的深切體悟。

我本身的興趣點和學術背景，在博士階段還是文學。當我在閱讀古代大師的作品時，發現在他們作品的底層的很多意象、情趣，都流淌着禪宗的情韻。久而久之，我慢慢地就感受到了它的品位、格調，對它產生了興趣，以至於我後來做博士後研究，就不再做純文學的研究，而是去了哲學系，以詩證禪，由詩入禪。

萬法由緣起，佛緣本殊勝。

一朵花的美麗，需要整個宇宙的生命來成就。

衷心地感恩並祝福多年來關心我、支持我、勉勵我、成就我的所有的有緣人。

感謝我的佛學老師淨慧長老、方立天教授、樓宇烈教授、楊曾文教授；感謝北京大學、清華大學、中山大學、上海交通大學、華商書院等高校和機構以及各大佛門勝地的相關朋友；感謝鳳凰衛視‧世紀大講堂、中央電視台‧名家講壇、東方衛視藝術人文頻道‧世說新語給了我一個廣闊的說禪平台，使更多的有緣人能夠接觸到純正的禪學思想和智慧。同時也感謝聆聽過我各種形式的禪學講座的朋友們，你們的肯定與鼓勵，是我不斷前進的動力。我希望大家經常爬一爬山，爬爬自然的山，爬爬人生的山，爬爬禪宗智慧的山，我永遠與你們同行！

吳言生

2008年11月18日於長安山水禪居

一杯水中的智慧

南隱是日本明治時代著名的禪師，有一天，一個人向南隱禪師請教什麼是禪，但他自己卻喋喋不休地說個沒完。

南隱禪師將茶水倒到杯子裡。杯子裡的水滿了，禪師還繼續倒。

來訪的人叫了起來：「師父，杯子已經滿了！」

大師微微一笑說：「哦？你也知道杯子滿了啊？如果你不把杯子裡面的水倒掉，我怎麼可能再往裡面倒水呢？」

來人聽了，當下豁然大悟。

我們的思想，就如這一隻杯子。如果裡面已經裝滿了水，智慧之水就不能再注入其中了。杯子中已經裝滿了的水，就是我們根深蒂固的思維定勢。而要感悟禪的智慧，必須從這種思維定勢中走出來，清空歸零，打開自己，這樣才能得到最大的收穫。

所以，從現在起，就讓我們倒空杯子裡的水，一起來體會禪的無上智慧吧！

禪，是印度梵語「禪那」的音譯，意譯就是「靜慮」、「思維修」、「攝念」，也就是冥想的意思，是指通過禪坐訓練，將意念集中在一處，思考人生真理，從而使大腦裡的雜質沉澱下來，使思維如水一樣清澈、透明。

簡要地說，禪是一種境界，一種方法，一個家園。

首先，禪是一種境界。禪是一種覺悟的境界。禪的境界遠離分別，去除了一切二元對立。在禪學看來，世上萬事萬物，形相上雖然有差別，本性上卻是平等的。

其次，禪是一種方法。禪是開發智慧的方法。禪運用「不二法門」，讓我們擺脫分別的枷鎖，充分顯現出一切眾生原本具有的「如來智

慧德相」。

其三，禪是一個家園。他鄉雖然好，不如早還家。禪的開悟，就是遊子歸鄉。禪給了漂泊無依的現代人一個溫馨的精神歸宿，禪使我們回到了「主客未分之前」的精神本源。禪師們使用各種語言、機鋒，都是為了使我們結束流浪，回到精神的故鄉。

中國禪宗六祖慧能大師說：「外離相曰禪，內不亂曰定。」（《壇經》）——外面的世界五光十色，我們能超越形相，不為所動，這就是「禪」；超越外部的形相時，我們的心靈就保持了自由，這就是「定」。有了「禪定」的功夫，我們的生命境界就會大為改觀。

禪是當代人緩解壓力、增強定力、開啟智慧的最有效的方法之一。

減壓：現在的人成天到晚都在說自己很「忙」，很「累」，很「鬱悶」。禪可以將這些東西一掃而光，可以減緩工作壓力，把壓力轉變成動力。

增定：現代人受到的誘惑太多，這個也想要那個也想要，面對五光十色的花花世界時，把握不住自己，心神雜亂，恍恍惚惚。禪可以把我們的心理調節到最好的狀態，讓我們集中注意力，增加禪定的力量，獲得寧靜、安詳、舒適、快樂的心理體驗，從而讓我們滾滾紅塵得自在，大風大浪不翻船。

開智慧：為了各種利益，爾虞我詐、勾心鬥角，明槍暗箭，那不叫智慧，小聰明而已。禪可以使我們從生命的最深層次，打開最根本的智慧，這種智慧對宇宙人生看得透透徹徹，明明白白。打開了這個最根本的智慧，就是打開了慧眼，打開了天目。

明心見本性

佛教的創立者釋迦牟尼在悟道時說:「奇哉奇哉,一切眾生,皆有如來智慧德相,只因妄想執著不能證得。」由於有了妄想執著,而不能讓這原本就具有的佛性充分地顯示出來。

禪的宗旨,也正是要喚醒隱藏在我們每個人身上的沉睡的佛性,使我們獲得一種覺悟的生命,充實的生命,自在的生命。

拈花微笑

禪的出現,有一個美麗的傳說。

相傳,釋迦牟尼在靈山法會上正準備說法時,大梵天王來到座前。這個大梵天王,是佛教的護法神,他獻上一朵金色波羅花,行禮之後,退坐在一旁。釋迦牟尼拈起了這朵花,意態安詳,卻一句話也沒說。據說當時前來聆聽釋迦牟尼說法的人有很多很多,可大家都不明白這是什麼意思,面面相覷,惟有大弟子摩訶迦葉破顏微笑。

於是釋迦牟尼對大家說:「我有純正的禪法,清淨的禪心,現在,我把它傳授給大迦葉!」(《大梵天王問佛決疑經》)

安詳的拈花,會心的一笑,就這樣,禪,在拈花微笑的詩意氛圍中誕生了;禪,從師父的心上傳到了弟子的心上。它的傳承,沒有機械的形式,沒有語言的嘮叨,有的只是心與心的相印。因為禪是活潑的,它超越

了形式；禪是微妙的，它超越了語言。

釋迦牟尼把禪傳給了迦葉的同時，也把金縷袈裟和缽作為信物傳給了他，所以後來禪宗習慣上把禪法的傳承叫做「衣缽相傳」。迦葉是西天禪宗第一祖，代代相傳，傳到達摩大師時，成為西天禪宗第二十八祖。達摩大師從西印度來到東土，將禪傳到中國，達摩也被稱為中華禪宗第一祖。達摩之後傳了五代，傳到了六祖慧能的時候，開創了富有中國特色的禪宗。

達摩大師是到東土傳揚禪的第一人，被稱為禪宗東土初祖。他有一句著名的詩偈，叫「一花開五葉」。「一花」指從釋迦牟尼傳承下來的禪法源頭；「五葉」指禪宗之流變，即六祖慧能門下的五個宗派。後來，臨濟宗又衍化出黃龍、楊岐二派，所以又叫做「五家七宗」。

十六字真言

禪的十六字真言是：

不立文字，教外別傳。
直指人心，見性成佛。

「不立文字」，就是不拘泥於文字，它強調要體悟語言文字之外的意義。禪宗有一部著名的書叫《指月錄》，就是用手指和月亮，來比喻文字和真理的關係。真理如同月亮，語言好比指向月亮的手指。見到了月亮，就要忘了手指，不要執著於文字。這就叫「見月應忘指，歸家罷問

程」。

「教外別傳」，是指禪的傳承與佛教其他宗派傳承不同，有着獨特的方法。禪宗注重的是拈花微笑式的以心傳心，心心相印。禪師往往用行棒行喝、豎指擎拳、開單展缽、穿衣吃飯等方式，來傳達最為精深微妙的禪意。

「直指人心」，禪的一切機鋒、語言、方法，都直截了當地指向人人本具備的覺悟之心。禪師們的種種努力，都是讓我們回到生命的本源，回到那個沒有受到污染的清澈純潔的生命的源頭。

「見性成佛」，當我們見到了我們的本心本性，我們就獲得了覺悟，我們的生命就是覺悟的生命，我們也就成了覺悟的佛陀了。

為了更清楚地說明這個道理，我們看一則禪學中的經典寓言。

商人的四個朋友

有個商人，結識了四個朋友。他對第一個朋友言聽計從，給他穿最好的，吃最好的，住最好的，用最好的。第二個朋友，氣宇軒昂，儀表堂堂，商人對他非常看重，想盡種種辦法維持和他的關係，並帶着他在人前炫耀，以擁有這樣的朋友而洋洋得意。對第三個朋友，商人的態度較為平淡了一些。但因為這個朋友料理事務的能力非常強，商人對他也很滿意。惟有對第四個朋友，商人幾乎從來沒有注意到他的存在。

有一天，商人要到很遠的地方去，想要帶其中的一位朋友前去，以解除旅途寂寞之苦。問第一個朋友，第一個朋友說，我們只能共歡樂，不能共患難，我沒有陪你出遠門的義務。商人很是傷心。問第二個朋友，第

二個朋友說，我知道你對我很好，但是我也知道普天之下所有的人也都對我很好，所以我也不會陪你前去。傷心的商人問第三個朋友，第三個朋友說，我可以送你走一段路，但送到門外後，我就要返轉身來，因為有很多的事情等着我去處理。傷心的商人這時終於想到了第四個朋友。出乎他意料的是，第四個朋友什麼話也沒說，就陪他一起上路了。

在這樣的一則禪的故事裡，那位商人不是別人，就是我們每個人自己。他要去的那個很遠很遠的地方，不是別處，就是死亡的國度。這則故事的主旨在於說明：當我們有朝一日離開這個世界的時候，我們到底能從這個世界上帶走什麼東西？

第一個朋友，是衣食之友，是我們的肉體。我們很多人一輩子都圍着肉體打轉，滿足一己的感官享受，但到最後，這具肉體並不能隨我們而去。所以清代乾隆皇帝說：「未生之時誰是我？合眼朦朧我是誰？」——我們的父母沒有生我們的時候，「我」在哪裡？有朝一日永遠閉上了眼睛的時候，「我」又在哪裡？

第二個朋友，是名利之友，是我們的財富、金錢、地位。我們辛辛苦苦地追逐，惟恐稍不努力，這些東西就會離我們而去。《紅樓夢》裡有首《好了歌》說：「世人都曉神仙好，只有功名忘不了。古今將相在何方？荒塚一堆草沒了。」「世人都曉神仙好，只有金銀忘不了。終朝只恨聚無多，及到多時眼閉了。」

第三個朋友，是親屬之友，是我們的妻子、同事、夥伴。在我們的生命中，與這些朋友相聚共處，是一種值得珍惜的緣分。但是，當我們離別這個世界時，他們並不能隨我們同去。「夫妻本是同林鳥，大限來時各自飛」。即使是最親愛的夫妻之間，當大限來時，也還是各人的生死各人

了，更何況其他的人。

　　第四個朋友，是心靈之友，是我們的心靈、感受。我們能從這個世界上帶走的，是這顆乾乾淨淨、清清純純的心靈。只有它和我們生死不離，不拋棄，不相離，但我們偏偏忘了它的存在！

　　在這個世界上，我們固然要善待我們的身體，善待我們的金錢、名利、財富，善待我們的親人、同事，但是，我們更要善待我們的心靈！

　　然而不幸的是，我們很多人一輩子都在追逐、應對第一、第二、第三個朋友，而偏偏忽略了第四個朋友。而這第四個朋友，恰恰是我們最需要關注的朋友，是我們生命中最寶貴的本心本性！禪的智慧，就是要我們關注我們的心靈，善待我們的心靈，停下匆遽的腳步，聆聽真實生命的聲音，從而使生命多一份從容與淡定。

　　這則經典的禪學寓言，指明了禪學的根本目的：明心見性，頓悟成佛。認識了這第四個朋友，就是明白了本心，見到了本性。正如慧能大師所說：

　　「佛向自性作，莫向身外求，識自本心，見自本性。」

　　「菩提只向心覓，何勞向外求玄。」

　　「菩提自性，本自清淨，但用此心，直了成佛！」

冷暖自家知

「悟」含有「心」和「我」兩個意義，就是「我的心」，意指「我心中感覺到」，或「我心中體驗到」。

在禪的裡面，是非常注重體驗的，這種親身的體驗，就是《六祖壇經》講的「如人飲水，冷暖自知」。

什麼是「如人飲水，冷暖自知」呢？當我們在喝同一杯水的時候，我說燙，你也說燙，雖然我們都在說「燙」，但實際上是不一樣的。因為對我來說，可能是60度的水我才說燙，而對你來說，可能是45度的水你就說燙。雖然我們都在說燙，但到底它的溫度怎樣，只有自己才知道。

禪河深處探到底

臨濟的禪風向來以峻厲著稱，臨濟禪師的學生中有一個叫定上座的，也很有臨濟禪的峻厲風格。有一次，定上座在橋邊碰到三個遊方僧人，其中一個人問他：「什麼是禪河深處，須窮到底？」

定上座聽了，就一把抓住這個人，要把他從橋上扔到河裡去！

其餘兩個人見了，連忙勸他：「請您不要生氣，這位師弟剛剛出道，還不知臨濟禪的厲害。」

定上座這才停下手來，說：「要不是看這兩位的面子，今天一定要讓你親自到禪河深處走一趟，讓你自己『窮到底』！」

每個人的禪河深處，需要每個人去探到底。禪需要我們透入生命的至情至性去加以體驗。各人的生死各人了，各人的田地各人耕，只有透過自己親身體驗，我們的生命才會發生驚喜的改變。

圓悟克勤禪師的得意弟子大慧宗杲，是宋代非常著名的禪師。大慧宗杲的門下，有一個和尚叫道謙。他參禪多年，卻沒有發現禪的奧秘。宗杲派他出遠門去辦事，道謙非常失望。他想，為時半年的遠行，對自己的參禪有害無益。

道謙的同門宗元禪師很同情他，說：「既然你這麼不開心，我陪你一起去好了。我想我可以盡我的全力來幫助，沒有任何理由使你不能在路上繼續參禪啊。」於是，他們結伴遠行。

兩個人風餐露宿，好不辛苦。一天晚上，道謙向宗元訴說了自己長久以來苦苦地參禪卻一直不能悟道的苦惱，並請求宗元幫忙。

宗元說：「我能幫助你的事，我會盡量幫助你，但有五件事我是沒

辦法幫你的，這五件事你必須自己去做。」

道謙忙問是哪五件事，宗元說：

「當你肚餓口渴時，我不能代替你吃飯、喝水，你必須自己去吃飯、喝水；當你想大小便時，你也必須自己去做，這四件事我一點也幫不上你。最後，除了你自己之外，誰也不能馱着你的身子在路上走！」

這席話立即打開了道謙的心扉，他頓時感到快樂無比！原來，參禪是自己的事情，別人永遠是無法替代的啊。

於是，宗元說：「我的事已做完了，再陪你下去已經沒有什麼意義，你就一個人繼續前行吧。」

半年之後，道謙回到了原來的廟裡。大慧宗杲在半山亭遠遠地看見他，高興地說：

「這個人連骨頭都換了！」

當我們「連骨頭都換了」的時候，就會對生活的禪河，別有一番獨特的感受。

鹹有鹹味，淡有淡味

有一首歌曲大家可能都很熟悉——《送別》：「長亭外，古道邊，芳草碧連天。晚風拂柳笛聲殘，夕陽山外山。」這首歌曲，是經久不衰的經典之作。這首歌的作者就是弘一大師李叔同。

弘一大師有一個很好的朋友，是著名的教育家夏丏尊。

有一天，夏先生來拜訪弘一大師。當他看到弘一法師吃飯時，只有一小碟鹹菜，心中不忍，就問：「這是不是太鹹了？」

弘一大師回答説：「鹹有鹹的味道。」

吃完飯後，弘一大師倒了一杯白開水在喝。

夏先生又問他：「這是不是太淡了？」

弘一大師微微一笑，説：「淡有淡的味道啊。」

當時，夏先生聽了，非常感動。

鹹有鹹的味，淡有淡的味，不論是鹹是淡，都能從中得到快樂，這樣的心境，就是悟道者的心境。

冷暖有冷暖的溫度，鹹淡有鹹淡的味道，貧富也有貧富的滋味。

現在我們處在一個物質財富高度發達的時代，很多人通過奮鬥，成為千萬富翁，億萬富豪。在國際上有福布斯富豪排行榜；在華人圈有胡潤富豪排行榜；甚至還有暢銷書收入排行榜。這些排行榜成了大家所關注的對象。

但是，是不是物質的擁有，就一定和心靈的快樂成正比呢？

是不是你擁有了財富，也就擁有了幸福呢？

我有一個做企業的朋友，為了讓兒子體會到貧窮生活的艱辛，就帶兒子到農村去體驗生活。他們到了一個偏遠的小山村，找了一戶看起來很窮的人家，住了三天三夜。

回來後，富豪想這下可讓兒子體會到貧窮的滋味了，就問兒子：「怎麼樣，談談這一次的感受吧。」

兒子很高興地説：「我覺得那一戶人家的生活實在是太棒了！」

父親一聽就糊塗了，心想這是怎麼回事啊？

只聽得兒子眉飛色舞地講：「通過這次體驗，我發現他們家要比咱們家富有得多。你看，咱家只能養一條狗，還要有養狗證；他們家可以養

一窩狗，沒人管。咱家只有一個小游泳池；可他們家的前面卻是一條河，向東望不到頭，向西望不到尾。咱們家的花園裡只有幾盞燈；可他們家每天晚上都有滿天的星星！」

聽完兒子的話後，父親就不出聲了。這時候，兒子搖着父親的手，說：「老爸，我現在才知道原來咱們家是這麼窮！我看你也別當什麼董事長了，乾脆到鄉下去當一個快快活活的農民去吧！」

富豪這才知道，原來，自己所引以為豪的物質的富有，並不代表心靈的幸福。對貧窮和富有，各人的感覺是不一樣的。在這件事上，孩子的感覺更像金子那樣燦燦發光，而自己以前所感覺的富有，只不過是散發着銅臭味的淺薄輕浮罷了。

可見，對生活，重要的是要有體驗。冷與暖、鹹與淡、貧與富，各人有各人的感受。

只要你感到快樂，你就是快樂的。只要你感到富有，你就是富有的。

禪定止亂心

　　杯子裡的水，如果動盪搖晃，就不能反射出外部的事物。我們的心也是一樣。如果老是動盪不安，就不能平靜地反映出外部的事物。所以，必須借助禪的功效，使自己安靜下來。

　　我們的意識，時時刻刻都在躁動不安，像猿猴爬樹一樣，不停地從這棵樹上，爬到那棵樹上，不能安安靜靜地呆在一個地方。我們的意念，也像馬兒一樣，不停地飛馳。所以禪把我們的意識叫「心猿意馬」。心神散亂，就是心猿意馬。參禪，就是要把心猿意馬給拴住，讓我們的心靜下來，正如唐玄奘上給唐太宗的表文中所說：「制情猿之逸躁，繫意馬之奔馳。」

　　禪有使心靈安靜的功能，就像將一塊明礬投到渾水中，使渾濁的水變清一樣。《涅槃經》卷九說：「摩尼珠投於濁水，水即為清。」《彌陀疏鈔》云：「明珠投於濁水，濁水不得不清。」

這兩句話是什麼意思呢？

過去在沒有自來水之前，都是從河裡打水來吃。如果是下雨天，河水不太清，這時候怎麼辦？就在水缸裡放明礬。放了明礬之後，過一會兒，水裡的雜質就沉了下去，水就變得清亮清亮的，就可以來飲用了。

禪定，就是讓雜質沉下去，讓思想變得純淨、明澈。禪定的作用，就像把摩尼寶珠投到濁水中，當我們心神散亂，如同混濁的水一樣的時候，通過禪定的力量，就可以使心靈變得清澈。儒家的經典《大學》裡也說：「知止而後有定，定而後能靜，靜而後能安，安而後能慮，慮而後能得。」說的也是這個道理。

坐禪的奇效

禪定到底有什麼效果？

有一個賣豆腐的人，每天都給寺院裡供應豆腐。時間一久，就和住持熟了，在寺裡到處走動。他看到很多和尚神情專注地在禪堂裡打坐，不知道他們到底在幹什麼。有一天，他終於忍不住了，問住持：「師父，你們出家人整天到晚閉着眼睛坐在那裡，一動不動，搞什麼名堂啊？」

住持慈祥地笑了笑，說：「來來來，今天你別急着回去，也在這裡坐一會兒吧。」

賣豆腐的就依樣畫葫蘆地坐了一會。過了半個小時，他就興奮地衝

出了禪堂，喊了起來：「太妙了，太妙了，想不到打坐原來有這麼多的好處啊！」

住持笑着說：「你進步得倒挺快的啊。你就說說你的心得吧。」

賣豆腐的說道：「平時啊，我的腦子很亂，像一團漿糊似的。現在一打坐，我的腦子就清清亮亮的，非常好使，什麼事都能記得起來。我突然想起來一件事：三十年前鄰居王小二欠了我兩毛伍分錢豆腐錢，到現在一直還沒有還呢！」

大家想想看，一個賣豆腐的老人靜靜地坐一會兒，就能有這樣的功效，如果你是政界、商界的、知識界的精英，試着靜靜地坐上一會兒，那個受用該有多大！如果每天能靜坐上十五分鐘，堅持一個月之後，會有立竿見影的效果。當然，這只是一則趣談，但其中確實有令我們回味的地方：只要我們靜下心來，我們的靈性、智慧就會自然而然地顯現出來，我們就會得到莫大的受用。

放下與端起

　　如果我們到寺院去，請求禪師開示，幾乎所有的禪師都會給你說六個字：

　　「看破，放下，自在！」

　　這六個字確實道出了禪的妙處。只有看得破，才能放得下。只有放得下，人生才能自在。

　　人生在世，該端起的時候要端起，該放下的時候要放下。人生在世，需要的就是這份從容灑脫。對於忙忙碌碌的現代人來說，首先要做到的，就是看破、放下。

　　用一隻杯子為例。這隻杯子很珍貴，當我們擁有時，我們固然要珍惜它。但是該放下的時候，就要勇敢地放下。

杯子的死期到了

中國人都很熟悉一休禪師。說起一休，大家都會想到日本動畫片《聰明的一休》。片子中的一休，聰明機智，給大家留下了很深的印象。

聰明的一休確實很招人喜歡，而且他是一個真實的歷史人物。

一休出生於1394年，是一位皇子。因為一休母親的家族與天皇家族關係不和，小一休從小就被趕出了皇宮，在六歲的時候，出家到京都的安國寺學禪。

有一天，一休打破了一個茶杯，這個茶杯是他師父非常喜愛的稀世之寶。

打碎了杯子，肯定會受到師父的批評。怎麼才能逃過師父的懲罰呢？一休想到了一個辦法。當師父回來的時候，他就問師父一個問題：

「師父，人為什麼一定要死？」

「這是自然的事情吶。世間的一切，都是由緣分決定的，有聚就有散，有生就有死。」

這時，一休恭恭敬敬地說：「報告師父，現在我要告訴您老人家一個好消息：你最喜歡的那個茶杯啊，它的死期到啦！」

師父聽了，哭笑不得，當然也就沒有責怪一休了。

在現實生活中，我也經歷過這樣的一件事。

有個女孩子，做了一個錯誤的決定，這個決定使她失去了心愛的男朋友。對這件事，女孩子非常非常地後悔，她不願意接受已經發生的事實，茶飯無心，憔悴不堪，人比黃花瘦。

她萬念俱灰，自己折磨自己，但問題並沒有得到解決。

　　當她知道我對禪的智慧很有心得後，就坐飛機來西安找我。聽了她的經歷，我就拿出一隻十分精美的杯子。我對她說：「不要悲傷了，先欣賞欣賞這隻杯子吧。」

　　這個女孩子是學藝術的，她一下就被杯子優美、獨特的造型迷住了。這時我就一鬆手，杯子「啪」的一聲，掉到地上，碎了。這時她就發出了惋惜的聲音。

　　我指着碎片對她說：「你一定會對這隻杯子感到惋惜。但不管你怎麼惋惜，杯子已經碎了，不可能復原，不可能挽回了！我希望你從今以後，從這隻杯子上面，記住三點：

　　第一，要製作成一隻好杯子，非常非常的不容易。但是打碎它，卻是一瞬間的事情，所以，當你擁有杯子時，要小心地珍惜它。

　　第二，如果杯子被打碎了，就不可能被復原。所以，當杯子不幸被打碎時，要坦蕩地面對它。

　　第三，如果這是一隻鋼化玻璃杯，它就不會被打碎。所以，你如果想要你的心不被打碎，就要把它做成一隻鋼化玻璃杯！」

　　女孩聽了，眼淚「唰」就下來了，她當時就卸下了心頭的千斤重擔。

　　現在，她活得很幸福，氣色比以前好得多，也比以前自信了。

放下你的杯子

　　當我們無法改變一件事情的時候，就要去接受它，去面對它。要端得起，更要放得下。愛的時候要放開去愛，你可以愛得天昏地暗，死去活來；但如果不如意的事情發生了，就要勇敢地去接受它，果斷地去放下它。

　　現在我端起一杯水，大家認為這杯水有多重呢？大家會說250克重。但我要問的是，你們可以將這杯水端在手中端多久？可能很多人會覺得沒什麼：「250克的水杯而已，端的時間再長又能怎麼樣！」

　　確實，端10分鐘，大家肯定會覺得沒問題；端10個小時，大家就會感到手痠；如果端上10天呢？那你的手臂就會出問題，就會發痠、發脹、發麻、發腫，你就得叫救護車了！

　　雖然這杯水只有250克，但是如果你放不下，端得越久，就會越重。到最後，你就會被它壓垮。我們承擔壓力時，如果一直把壓力揹着，時間一長，它就會越來越重。

　　所以對這杯水，該端起的時候就要端起，該放下的時候就要放下。

　　參禪的第一步是看得破、放得下，但看得破、放得下之後，還必須認得真、擔得起。這樣的人生，才是圓滿的人生，才是精進的人生。

　　在登山運動中，有一條人人畏懼的死亡線，這就是海拔6500米的高度。超過了這個高度，登山的人一定要攜帶氧氣，否則就會缺氧而死。但是，有一個人，卻沒有攜帶氧氣瓶，多次跨過6500米的登山死亡線，並且最終登上了世界第二高峰——喬戈里峰。喬戈里峰的海拔是8611米。

　　這一壯舉，被載入了吉尼斯紀錄。

　　這個人，就是美籍印第安人蒙克夫・基德。他之所以不帶氧氣瓶卻能登峰造極，是因為他發現了無氧登山運動的奧秘。

　　在頒發吉尼斯證書的記者招待會上，他說：

　　我認為無氧登山運動的最大障礙是慾望，因為在山頂上，任何一個小小的雜念都會使你感覺到需要更多的氧。作為無氧登山運動員，要

想登上峰頂，就必須學會清除雜念，腦子裡雜念愈少，你的需氧量就愈少，慾念愈多，你的需氧量就愈多。在空氣極度稀薄的情況下，為了登上峰巔，為了使四肢獲得更多的氧，必須學會排除一切慾望和雜念。

生命在高處，覺悟在高處。大雄峰，就是大徹大悟的生命境界。在這樣的高度，任何慾念都不能生起，否則就會前功盡棄，就會身陷險境。

放下杯子，就是看得破、放得下；端起杯子，就是認得真、擔得起。在人的一生中，每個人都要做好這兩門功課。

禪的目標是明心見性，明本心，見本性。

禪不立文字，教外別傳，直指人心，見性成佛。

禪在拈花微笑中，禪在心心相印中。

禪的體驗，是「如人飲水，冷暖自知」。透入生命之河的深處，我們就可以充分領會其中的滋味。

禪的作用是減壓、增定、開智慧。它猶如一塊明礬，可以讓雜質沉下去，使我們的思想清清亮亮。

人生在世，既要看得破、放得下，又要認得真、擔得起。這就是禪給予我們的啟示。

每個人都很富有

　　現代社會物質文明高度發達，很多人都在感歎：我們的收入比以前多了，我們的滿意感越來越少；我們的住房越來越闊，我們的眼界越來越窄；我們的通訊工具越來越發達，我們心靈的溝通越來越少！每個人都在享受着越來越豐富的物質生活，但與此同時，我們的快樂還剩多少？每個人都可以捫心自問一下：我過得幸福嗎？

　　在中國流傳了數千年的傳統文化中，有三個方式，來解決以上的困惑：儒家的、道家的、佛家的。

　　儒家最重要的經典，是四書五經，四書就是《大學》、《中庸》、《論語》、《孟子》，這是宋代大儒朱熹的排序，他把《大學》列在四書之首，為什麼《大學》這麼重要？因為《大學》的第一句就說：

　　　大學之道，在明明德，在親民，在止於至善。

　　這句話告訴我們，什麼是人生最重要的事情，什麼是一生中最需要學習的學問，什麼樣的人生才是有意義的人生。那就是「明明德」！大家看這個道理多樸素！這麼多人生終極的追問，而《大學》用一句話就告訴了答案，那就是把你的光明的德行顯現出來。《大學》告訴我們，德性是你本來就具有的，你需要做的就是發現它，完善它，把它推己及人。

　　《老子》中有一句很著名的話，叫做「復歸於嬰兒」。「復歸於嬰兒」，就是指從這個聲色紛紜、充滿誘惑的世界上，返璞歸真，回歸到像嬰兒一樣純潔無瑕的生命本來狀態。道家所追求的最高境界是「返璞歸真」。「真」、「璞」就是沒有經過污染、沒有經過修飾的生命的本來狀態。

「明明德」是儒家的人生關懷，「復歸於嬰兒」是道家的人生關懷，那麼，什麼是禪的人生關懷呢？

禪的人生關懷，就是「明心見性」，和儒家、道家一樣，都是要回歸我們的本心本性。它明的是「本心」，見的是「本性」。

這個本心、本性，就是我們每個人的「自家寶藏」。

「自家寶藏」也叫「如來藏」，是在胎藏中就具備的寶藏，是在生命的DNA中就已經具備的覺悟性。

擁有了「自家寶藏」的人，就是幸福而快樂的人。但事實上，雖然我們都具備自家寶藏，在生活中卻時時痛苦不堪。這又是什麼原因呢？這是因為，雖然我們「具備」自家寶藏，卻並沒有認識到它的價值，這樣一來，我們就迷失了自家寶藏。

我們追求的不是幸福，而是比別人幸福，這就是痛苦的根源。

在比較、攀緣中，我們迷失了自家寶藏，追逐名利、財富、權勢、色慾，形成了極不和諧的現象：物質在進步，素質在下滑；慾望在膨脹，精神在萎縮……

所以，認識自家寶藏，打開快樂之門，就是我們的當務之急。

珍寶人皆有

有一句禪語說:「哪個台無月,誰家樹不春?」(《五燈會元》卷十三)每戶人家的陽台上都有美麗的月光;每戶人家的樹枝上,到了春天都會生機勃勃,生意盎然。

同樣,我們每個人的心中,都有無價的珍寶。

但是,雖然我們都擁有這個寶藏,如果你沒有發現它,它就形同虛設。不管它有多珍貴,你仍然是一貧如洗,就像那個自家院子裡擁有無價的寶藏,卻仍然過着貧困潦倒生活的女孩子一樣。

貧女寶藏

從前,有一個貧窮的女子,她家的院子裡,埋着許多金銀財寶,可是她家裡沒有一個人知道這件事。

當時有一個很有智慧的人,心地善良,知道了這個情況,就想把貧女家裡埋有寶藏的事情,告訴貧女。智者擔心貧女不相信自己的話,就想了一個辦法。

他對貧女說:「我想請你為我幹活,你能為我做除草的工作嗎?」

貧女回答說:「我不能這樣做,除非你告訴我說我的家裡有寶藏,

我才為你工作。」

貧女本來想用這個藉口，來回絕智者的要求，因為她心想自己家裡根本不會有什麼寶藏。不料智者聽了之後，卻滿口應承說：「我知道你家裡有寶藏，我也可以告訴你寶藏埋在什麼地方。」

貧女回答：「我家裡的人都不曉得有寶藏這回事，你怎麼可能知道？」

智者説：「我確實知道這件事。」

貧女回答：「好吧，眼見為實，我要親眼看到才行。」

貧女就跟着智者來到自家後院。智者果然從貧女家裡挖出了寶藏。

貧女見了，心生歡喜，對智者產生了由衷的敬佩之情。

這則故事出於《涅槃經》卷七，故事產生的背景是在古代的印度。

貧女的家中，本來有無價的寶藏，由於沒有被發現，所以她仍然是一個貧窮的姑娘。一旦發掘出這個寶藏，貧女頓時就擁有了巨大的財富。

我們每個人的精神世界中，都有這麼一座寶藏。只要認識到本心本性，我們內心的世界就會立即變得非常的富有。

貧女寶藏的故事，不僅僅發生在佛教經典的寓言中，也發生在現實生活裡。故事發生的地點，也恰恰就在印度。

自家的金礦

有一個農夫，住在距離印度河不遠的地方，擁有一塊很大的土地。這個農夫是一位知足而富有的人——因為他知足，所以他富有；因為他富有，所以他知足。

　　有一天，一個朋友前來拜訪這位農夫，告訴他，如果能找到鑽石礦，只要有一塊鑽石，就會富得難以想像。

　　農夫聽了這段話，突然覺得自己實在太窮了，整個晚上，他都在想：「我要一座鑽石礦！」

　　於是他賣掉了土地，出發到外地去尋找鑽石。

　　農夫到處奔走，在遙遠的異國他鄉，他找了很長很長的時間，卻從來沒有發現什麼鑽石。最後，他囊空如洗。一天晚上，終於在海灘上自殺身亡。

　　說來也巧，那個買下了農夫土地的人，在散步中無意間看到了一塊異樣的石頭，拾起來一看，這塊石頭晶光閃閃，反射出耀眼的光芒——居然是一顆鑽石！

　　就這樣，在農夫賣掉的這塊土地上，新主人發現了第一顆鑽石。後來，這個人又接二連三地發現了更多價值連城的鑽石。

　　這就是印度戈爾康達鑽石礦被發現的經過。這是人類歷史上最大的鑽石礦，其價值遠遠超過南非的金百利。英王王冠上的大鑽石，以及俄皇皇冠上的那顆世界上最大的鑽石，都是從這個鑽石礦開採出來的。至今，「戈爾康達鑽石」仍是世界上最頂級鑽石的代名詞。戈爾康達鑽石通透亮麗，品質超然，讓全球的收藏家都趨之若鶩。

　　這是美國演說家魯塞‧康維爾的著名演講《鑽石就在你家後院》的開篇故事。

　　每個人的心靈深處都有一筆珍貴的財富，這筆財富不需要我們踏破鐵鞋千山萬水去苦苦追尋，禪的意義，就是告訴我們，這些財富就在你的身邊，你擁有的東西，最使得你幸福。

打開無盡藏

　　每個人都有珍貴的自家寶藏。禪的真諦，就是讓我們認識到這個自家寶藏，就是讓我們明心見性，當下覺悟。

　　那麼，什麼是我們的「本心本性」呢？六祖慧能大師說：

　　何期自性本自清淨，何期自性本不生滅，何期自性本自具足，何期自性本不動搖，何期自性能生萬法！（《壇經》）

　　這個本性「本自清淨」，清清淨淨，沒有絲毫的污染；

　　這個本性「本不生滅」，萬古常新，不生不滅；

　　這個本性「本自具足」，我們每個人的生命原本都具有；

　　這個本性「本不動搖」，淡定從容，不受外在事物的影響和干擾；

　　這個本性「能生萬法」，能創造出這個世界上一切最為美好

的東西……

這就是我們的本心本性，就是我們的自家寶藏。

這個本心本性，就是貧女後院裡的鑽石，人人本來具有，不須向外尋求。一旦起心動念，就會當面錯過。

但令人歎息的是，這個簡單而樸素的道理，不但世俗的人難以明白，就連出家修行歷盡了無數星霜的法師們也未必能夠明白。

大珠慧海

在唐代，有位俗姓馬的禪師，在江西弘揚禪法。他禪風瀟灑，法雨普施，培養了一大批弟子，度化了無數眾生，在禪學界享有很高的聲譽。由於他俗姓馬，當時的人都稱他為馬祖大師。

一天，有一位叫大珠慧海的禪師，踏破千山萬水，風塵僕僕，前來拜見馬祖大師，請求他的指點。

馬祖大師看着這位虎頭虎腦、朝氣蓬勃的年輕人，心中暗喜，他覺得，這塊好材料該是雕琢成美玉的時候了，就反問他：「我這裡什麼都沒有，你為什麼要撇下自家寶藏不顧，這麼辛苦地在外面奔走流浪呢？」

慧海聽了，急忙追問：「啊？我的自家寶藏？請師父告訴我，什麼是我的自家寶藏？」

馬祖大師告訴他：「這個自家寶藏，就是現在讓你問我的那個東西。此刻，到底是什麼東西讓你在問我，是什麼東西讓你在聆聽我？這個東西不是別的，就是你的自家寶藏啊。這個自家寶藏，就是你的本心本

性。在你的生命中本來就已經具備，一絲一毫也不欠少。吃飯睡覺，行住坐臥，語默動靜，都是它在起作用。運用起來自由自在，你哪裡還用得着向外面去苦苦尋找呢！」

慧海禪師聽了，汗如雨下，如夢方醒。在那個瞬間，他感覺有一道光芒驀地把自己照得通體透亮，表裡俱澄澈。

當學人起心動念，想要向外尋找時，禪師當頭給了他一棒，來打破他的癡迷執著。

在馬祖大師的點化下，慧海頓時明白了什麼是自家寶藏。後來，他和別人談起這段經歷時說：

馬祖大師教導我說：「你的自家寶藏，就是你的本心本性，這個本心本性是每個人都具備的，是圓滿沒有缺陷的，你根本用不着向外面去尋找。」自從我聽了這樣的教誨，就徹底停止了向外尋找的念頭，明白了什麼是自家寶藏，直到今天，我還感到受用無窮！（《頓悟入道要門論》卷下）

「自家寶藏」就是我們每個人生命中本來具有的覺悟性。這個覺悟性，是要反求諸己，無需外求的。但是世人偏偏不能認識到這個事實，偏偏要「拋卻自家無盡藏，沿門持缽效貧兒」（《菜根譚》），這是一種非常可憐的迷失的狀態。

所以，我們要求得生命的安頓，就必須打開自家寶藏。打開了自家寶藏後，我們的生命就會煥然一新。

認識自家寶藏，珍視自家寶藏，對每個人至關重要。人生的價值，

很大程度上取決於我們心靈的感受——

在這個世界上，你把自己看成是乞丐，你就是乞丐；你把自己看成是鑽石，你就是鑽石。

所以，我們一定要用鑽石的眼光來看自己。

鑽石的眼光

有一個年輕人拜在一位禪師的門下，希望禪師教他認識人生的價值。

禪師只讓他掃地、泡茶、接待客人，閒的時候就靜靜心。

過了一段時間，弟子問師父：「師父呀！您什麼時候才能告訴我人生的價值呢？」

師父笑了笑，沒有回答。

過了一陣子，弟子更加着急了，又問師父：「師父呀！你到底要什麼時候才能告訴我什麼是人生的價值呢？」

師父就拿了一塊石頭交給他，說：「你把它拿到菜市場去，估估價錢。只要瞭解一下它的價錢，不要真的賣掉。」

在菜市場裡，大部分人對這塊石頭理都不理。後來，有一個人出五塊錢，要幹什麼呢？要把它買回去壓泡菜罈子。

弟子把石頭帶回來，告訴師父：「師父，這塊石頭有人出五塊錢買它。」

師父說：「好，現在你把這塊石頭帶到鑽石市場去看看。」

弟子帶着這塊石頭去了鑽石市場，很快就欣喜若狂地跑了回來，告

訴師父：「師父呀，那裡的人說，這是一塊完美的鑽石，有人要開價五萬呢！」

師父哈哈大笑，說：「這是一塊石頭，有的人想拿它去壓泡菜罈子；有的人想把它變成價值連城的鑽石珠寶。石頭的本身沒有變，你用什麼樣的眼光看它，它就有什麼樣的價值。

「你每天追着問我：什麼才是人生的價值？現在，你應該清楚了。你用菜市場的眼光、用鑽石市場的眼光，看到的人生價值是完全不一樣的啊。」

弟子一聽，恍然大悟——

芸芸眾生，終其一生都在奔波追求，希望尋找生命中最有價值的東西，卻很少知道，我們的眼睛所見、我們的心靈感受才是最有價值的。

用壓泡菜罈子的眼光來看自己，自己就成了壓泡菜的石頭；用鑽石的眼光來看自己，自己就成了價值連城的鑽石。

這顆價值連城的鑽石，不是你擁有香車豪宅，財富地位，而是你是否擁有從容淡定、樂觀開朗、積極飽滿的禪悅心態。

追求金錢的人，心中只有金錢；追求權勢的人，心中只有權勢；追求豪宅的人，心中只有豪宅。我們在無窮無盡的追逐之中，成了金錢的奴隸、權勢的奴隸、房子的奴隸，迷失了自家的寶藏。

受用無窮極

在這個世界上，我們之所以不快樂，並不是因為擁有的太少，而是因為想要的太多。

「想得到更多」是人的天性，我們總是在追求更多的財富、更高的地位、更多的刺激。在物質慾望急劇膨脹的時代，我們的心態，受到了嚴重的污染。在物質生活越來越豐富的今天，我們活得越來越累，越來越鬱悶。

而當我們向心靈的深處觀看，不再忙忙碌碌地向外尋求的時候，就可以重新發現我們的自家寶藏。這個自家寶藏，「取之不盡，用之不竭，是造物者之無盡藏也」（蘇軾《前赤壁賦》）。

只要重新發現了這個自家寶藏，我們就會在看似平凡的生活中，得到無窮無盡的受用。

有人問遇緣禪師：「眾手淘金，誰是得者？」——大家都在拼命地淘金，誰才是那個得到真金的人呢？

禪師說:「溪畔披沙徒自困,家中有寶速須還!」——在溪邊披沙淘金,向外部追尋生命的價值,只會白白地增加困惑。我們每個人的珍寶,就在我們的家中,就在我們的心中啊!(《景德傳燈錄》卷二十二)

所以,在這個世界上,我們要做一個真正的淘金者。

真正的淘金者

兩個墨西哥人沿着密西西比河淘金,到了一個河岔,兩人分了手,因為一個人認為阿肯色河可以淘到更多的金子,一個人認為去俄亥俄河發財的機會更大。

十年之後,到俄亥俄河的人果然發了財。在那兒他找到了大量的金沙,而且建了碼頭,修了公路,他落腳的地方成了一個大集鎮。現在俄亥俄河邊的匹茲堡市商業繁榮,工業發達,就得益於他早期的拓荒和開發。

進入阿肯色河的那個人,看起來沒有那麼幸運。自從他和朋友分手後,就沒有了音訊。有人說他已經葬身魚腹,有人說他已經回到了墨西哥。

直到五十年後,一件重27公斤的自然金塊在匹茲堡引起了巨大的轟動。當時,一位記者曾對這塊金子進行跟蹤,他在報道中說:這顆全美最大的金塊並不是出產在匹茲堡,而是來源於阿肯色州,是一個年輕人在他屋後的魚塘裡發現的。而從他祖父留下的日記看,這塊金子是他的祖父親手扔到魚塘裡去的。

隨後，《新聞週刊》登出了那位祖父的日記。其中有一篇説：

昨天，我在溪水裡發現了一塊很大的金子。進城賣掉它嗎？那樣一來，就會有成千上萬的人湧向這兒，我和妻子親手用一根根圓木搭建的房子，我們揮灑汗水開墾的菜園，屋後的池塘，傍晚的火堆，忠誠的獵狗，美味的燉肉，山雀，樹木，天空，草原，這裡的寧靜和自由，都將不復存在。所以，我寧願看到這塊金子被扔進魚塘時濺起的水花，也不願眼睜睜地看到我們已經擁有的生活從眼前消失，因為這生活是那樣的平靜而美好！

18世紀60年代正是美國開始湧現百萬富翁的年代，當時每個人都在拚命地追求金錢。可是，這位淘金者卻把到手的金子扔掉了。

但是，我們可以説，在當時所有的淘金人中，這位淘金者，是惟一淘到了真金的人。

田園詩一樣寧靜的生活，幸福快樂的家庭，這些自家寶藏，你用再多的金錢，能買得到嗎？

要知道，真正的金子，就是我們當下的生活，當下的快樂！

當下的快樂

當下的生活，只要我們用心地去感受，就有快樂和幸福，它的本身，就是一座供我們終生受用不盡的金礦。

有家雜誌開展了一項「徵畫活動」，獎金高達10萬美元。徵畫的主

題是：「如果世界末日來臨，你要做什麼？」

　　來自全國各地的作品像雪片一樣飛來。大家為了贏得這場比賽，得到高額獎金，每位應徵的人都把想像力發揮到了極限。

　　有的畫描繪了一對情侶，在世界的最後時刻互相摟在一起，一邊喝酒一邊親吻；

　　有的畫描繪了一些白領人士，在世界的最後時刻坐在馬路上，大哭大笑，焚燒鈔票；

　　有的畫描繪了一些人，在世界的最後時刻乘上宇宙飛船，逃到其他星球去。

　　在堆積如山的作品中，最後獲得10萬美金的卻是一個殘疾女孩的一幅素描。她的畫的內容是一個平凡的家庭，妻子在廚房裡洗碗，丈夫坐在沙發上看報，兩個小男孩坐在地板上擺積木。

　　評委們一致認為這幅畫是這次「徵畫活動」的最後勝出者。因為，這幅畫平凡，簡單，卻又有真實而深長的意義。

　　像這樣的平凡的家庭在生活中隨處可見，這樣的場景也每時每刻都發生在無數的家庭中，但是，我們往往對此熟視無睹，身臨其境的時候，也不知道加以珍惜。

　　我們都在追求不平凡的生活，認為擁有高檔的車子、豪華的房子、巨大的財富、顯赫的權勢，才是生活的目的。為了達到這個目標，一輩子要付出巨大的艱辛，承受巨大的壓力。

　　其實，我們當下都可以擁有的平凡而快樂的生活，就是我們每個人的自家寶藏。

　　美國教育學家威廉‧杜朗曾經現身說法，揭示幸福的含義，他是這

樣尋找幸福的：

他想從金錢裡尋找幸福，認為只要有足夠的金錢就可以得到幸福的生活。可是金錢並沒有使他感到幸福，他得到的只是煩惱；

他想從感情中尋找幸福，結果他和意中人分道揚鑣，和好朋友反目成仇，他得到的只是悲傷；

他想從旅行中尋找幸福，結果走遍了世界，踏遍了千山萬水，他得到的只是疲憊。

他嘗試着用了幾乎所有他能想到的方法來尋找幸福，到最後才發現都是一場空。

疲憊的他打算放棄尋找了。然而，有一天，在火車站，他看到一個少婦，抱着一個熟睡的嬰兒，坐在一輛小汽車裡。這時，一位中年男子從剛剛進站的火車上走下來，來到汽車旁。他深情吻了一下妻子，又在嬰兒的額頭上輕輕地吻了一下，生怕驚醒了嬰兒。然後，一家人開車離去了。

看到這一幕，這位教育家恍然大悟，原來幸福就是如此簡單。我們當下所擁有的快樂的生活，就是人生最大的幸福。

「打開無盡藏，運出無價珍。不依倚一物，顯示本來人！」（《圓悟錄》卷三）

打開了人人都具有的自家寶藏，運出無價的珍寶，我們就可以不再依賴於任何外在的財富，而活出一個快樂的、充實的自己。

這個終生受用不盡的自家寶藏，就在每個人的心靈深處，就在我們當下的生活之中。

你為什麼不快樂

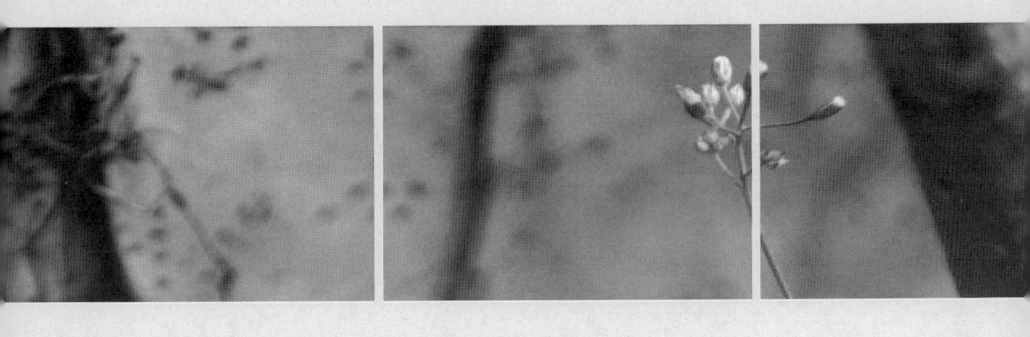

柏拉圖說:「胸中有黃金的人,是不需要住在黃金的屋頂下面的。」

古羅馬哲學家塞涅卡說:「茅草屋頂下住着自由的人;大理石和黃金下棲息着奴隸。」

蘇格拉底有一次在雅典的街頭看店舖,看了很久以後說:「哦,原來這裡有這麼多我不需要的東西呀!」——一個熱愛精神生活的人,必然是淡泊於物質的奢華的。

英國歷史學家湯恩比博士被稱作20世紀最知名的歷史學家和偉大的智者,他有着深厚的人道主義精神,同情和關注人類的苦難;日本的池田大作是享譽世界的日本思想家。池田大作和湯恩比在1972年進行了一場對話,這場對話的內容後來結集出版,叫做《展望21世紀》。這本書至今仍然是影響最為廣泛的著作之一。

在書中,湯恩比博士說:「今天的人類社會已經到了最危急的時代,而且還是人類咎由自取的結果。」為什麼會這樣呢?這是由於人類因為過度的自私和貪慾而迷失了方向,道德的衰敗和宗教信仰的衰落,世界必將出現空前的危機,它遠比地震、火山、暴風、洪水、乾旱、病毒更加危險。

當年出生於馬其頓的特里薩修女路過美國時,看到美國人極度膨脹的物質慾望,曾經感慨萬分地說,那是她一生所到過的「最貧困的地方」。

不幸的是,湯恩比博士的預言,和特里薩修女的感歎,在我們的生活中,正一步步地變成了現實——

現在,物慾症正在世界範圍內洶湧澎湃地氾濫開來。按照中國現在

受到熱捧的成功學的邏輯，如果你沒有賺到豪宅、名車，年入百萬，如果你沒有成為他人所羨慕的「成功人士」，就說明你不行，你就犯了「不成功罪」！

而這些所謂的「成功」，不過是對物質財富的佔有。大家夢寐以求地想獲得成功，瘋狂地追逐財富、名利，卻迷失了自家寶藏，染上了「富貴病毒」。「慾壑難填」、「人心不足蛇吞象」等成語，把人的貪婪形容得入木三分。

不斷膨脹的慾望，使我們迷失了自家寶藏，迷失了本心本性。

慾望滾雪球

人之所以不幸福，不是在於擁有的太少，而是在於想得到的太多。

一位做了十幾年心理顧問的醫生說，在他所遇到的各種各樣的心理病例中，最為嚴重也是最為普遍的一種，就是人們一生總是不斷地追求更多的東西。他們並不在乎自己已經擁有了什麼，他們只是想得到更多。有這種心理症狀的人常說：「如果我的願望得到滿足，我就會變得快樂。」而當這些願望真的實現時，他又感到無聊，又滋生了更大更新的慾望。

慾望像雪球般，越滾越大，無休無止地膨脹，以致於我們的心靈永遠處於饑荒的狀態。對地位的貪求，對利益的渴望，對享樂的慾求，使很多人成為這個時代的「饑民」。

唐代柳宗元寫過一則寓言故事，名字叫《蝜蝂傳》。寓言說，有一種小蟲子很喜歡撿東西，它在爬行時，不管碰到什麼東西，都會撿起來，放在背上。慢慢地，它揹的東西越來越多，走起來也越來越困難。儘管這樣，它仍然不停地揹東西。有人見了，可憐它，幫它把背上的東西拿下來。當它剛剛能夠行走時，又會像以前那樣揹着重物向前爬。到最後，小蟲子的身上揹的東西越來越多，越來越重，它終於被自己身上的重物壓死了。

人是萬物之靈，按理說，比小蟲子應當高明得多。但我們在生活中的所作所為，到底和這種小蟲子有多大的區別呢？我們想想看，自己是不是習慣於像這種小蟲子一樣，喜歡把「名聲、利益、權勢」揹在身上，是不是總想得到更多呢？我們是不是喜歡把沉重的負擔，一件一件馱在背上，無論如何也捨不得扔掉，到最後，自己把自己活活地壓垮了呢？

無論是蟲子還是人類，長期負重的危害都是非常嚴重的。在某種意義上說，人類比蟲子更加可悲可歎，因為蟲子只是負重在身，而人類卻負重在心！

慾望滾雪球

有一位修行人，離開了他原先修行時所在的村莊，到荒無人煙的深山

老林裡去進一步苦修。他只帶了一塊布當作衣服，就一個人到山裡去了。

住了一段時間，他在洗衣服的時候，發現需要另外一塊布來替換，就下了山，回到村裡，向村民們討一塊布當作衣服。村民們都知道他是一位虔誠的修行人，毫不猶豫地給了他一塊布。

這位修行人回到山裡，不久，他發現在他住的茅草屋子裡，有一隻老鼠。這隻老鼠經常在他專心打坐的時候，出來咬他那件準備換洗的衣服。他在這以前已經發過誓，說自己一生會嚴格遵守不殺生的戒律，因此他不願意去傷害那隻老鼠。但他又沒辦法趕走那隻老鼠，所以他又回到村裡，向村民要了一隻貓來飼養。

帶回了這隻貓之後，他又想：這隻貓要吃什麼呢？這隻貓是用來嚇走老鼠的，不是讓它去吃老鼠的。但這隻貓總不能跟我一樣，每天只吃一些水果和野菜吧！於是他又向村民討了一隻奶牛，這樣，這隻貓就可以靠喝牛奶活下去了。

修行人在山裡住了一段時間以後，發現每天都要花很多的時間來照顧那隻奶牛，於是他又回到村裡，找了一個無家可歸的流浪漢，將他帶到山中，幫自己照顧奶牛。

流浪漢在山中住了一段日子後，向修行人抱怨說：我跟你不一樣，我需要一個女人，我想要過正常的家庭生活。修行人一想，也有道理，我不能強迫別人一定要跟自己一樣啊。

於是他又下山，給流浪漢找了一個老婆……

故事就這樣不斷地演了下去。到了後來，大半個村子都搬到山上去了。

慾望就是這樣的一條鎖鏈，接二連三，無休無止，越來越長。不知不覺間，我們就被自己慾望的鎖鏈牢牢地拴住了。

作繭而自縛

　　「春蠶到死絲方盡，蠟炬成灰淚始乾。」這是唐代詩人李商隱的名句，本來是描寫愛情的，但如果用來形容人生作繭自縛的癡迷狀況，也是非常恰當的。

　　《楞伽經》卷三說：「凡愚妄想，如蠶作繭。以妄想絲，自纏纏他。」——癡迷的眾生，就像春蠶一樣，不斷地吐出煩惱慾望之絲，結成了厚厚的繭子。我們的慾望越強烈，吐出的煩惱絲就越長，結成的繭子就越厚，把我們捆綁得就越加結實。於是，我們失去了心靈的自由空間，一輩子做了慾望的囚徒。不但「自纏」，給自己帶來了痛苦，而且「纏他」，給社會帶來了不和諧，給別人帶來了傷害。

　　我們慾望之絲結成的繭子，是人生的牢籠，是最難突破的東西。我們從出生直到離開，一直都被囚禁在這個籠子裡。

　　被慾望的繭子所束縛，我們就會失去自由，得不償失。

猴子與狐狸

　　有一位獵人，發現了一個屢試不爽的捉猴子的辦法：在牆中夾一個竹筒，然後將一個雞蛋放在竹筒的一端。猴子看見竹筒中的雞蛋，就會伸手去抓。當猴子用手握住雞蛋時，就無法從竹筒裡縮回手來。

　　實際上，只要猴子鬆開手中的雞蛋，就可以順順當當地把手縮回來。由於猴子貪心十足，捨不得放下手中的雞蛋，只好乖乖地束手就擒。

　　只知道抓取，捨不得放下，是猴子致命的弱點。

　　有一個與猴子被捉類似的寓言：一隻狐狸發現了一個葡萄園，看着水靈靈的葡萄，狐狸垂涎欲滴。可是，葡萄園外面有柵欄擋住，狐狸根本無法鑽進去。

　　狐狸眼巴巴地看着葡萄，卻進不了園子，急得團團轉。後來，狐狸狠了狠心，絕食了三天，減肥之後，從柵欄縫中鑽進葡萄園內，美美地吃了一頓。

　　狐狸吃飽了之後，心滿意足地準備離開。但它這時卻驚訝地發現，自己吃得太飽，已經鑽不出去了。

　　沒辦法，狐狸只好又餓了三天，等身體瘦下來後，才鑽了出去。

　　猴子和狐狸的故事，蘊含着很深刻的人生哲理：

　　一個人如果受到了慾望的誘惑,只知道死死抓住到手的東西,該放手時不放手,就會落到陷阱裡,自取滅亡。

　　每個人來到這個世界上的時候,都是兩手空空的。人的一生中會拚命地抓取,但是等到撒手離去的時候,仍然是兩手空空,帶不走任何東西。

　　傳說,凱撒大帝臨終時告訴侍者說:「請把我的手放在棺材外面,讓世人看看,像我凱撒這樣的偉大人物,死後也是兩手空空!」

　　既然兩手空空,為什麼我們還要疲於奔命呢?

中國式奔命

　　日本人的「工作狂」、「過勞死」現象,一度為全世界所關注。而目前,中國式的「奔命」,也成了一個非常普遍的社會問題。

　　2007年勞動節,一個全新的詞語進入人們的視野──「過勞模」。「過勞模」是指這樣的一個特殊的人群,這些人平均每天工作在10個小時以上,基本沒有休息日,睡眠不足、三餐不定。他們工作起來幾乎有些自虐,工作強度比起「勞模」來,有過之而無不及。根據相關的調查,有八成市民為了高額的獎金,而自願過勞。

　　按照醫學上的解釋,當一個人「過勞」的時候,他的身體狀態處在健康和疾病之間。由於工作壓力巨大,已經超出了他身體所能承受的負荷。美國疾病控制中心把這種狀態稱為「慢性疲勞綜合症」,在日本,則稱為「過勞死」。

　　在過勞死的高發人群中,科技教育和 IT 行業一直排在前面。

另外的一項調查則說明，目前中國有七成公眾感到自己正處在「加急狀態」。

近年以來，隨着人們對速度和效率的無限追求，我們的社會已經進入了一種非同尋常的高速運轉階段。「時間就是金錢，效率就是生命」成了公認的價值。

米蘭·昆德拉在小說《慢》中寫道：

慢的樂趣怎麼失傳了呢？古時候閒蕩的人到哪兒去啦？民歌小調中的遊手好閒的英雄，這些漫遊各地磨坊、在露天過夜的流浪漢，都到哪兒去啦？難道他們隨着鄉間小道、草原、林間空地和大自然一起消失了嗎？

所有的人都在透支生命，卻很少有人能說清楚自己的目的地到底在哪裡，究竟什麼時候才是盡頭。

我們就像一部擰緊了發條的機器，無休無止地高速運行着。

2005年，《新週刊》雜誌曾以「中國慾望榜」作為題目，做過一次網絡調查，結果排在第一位的是掙「更多的錢」（72.7%），接下來還有「開名車」、「住別墅」、「做老闆」、「中大獎」、「交桃花運」等等。

調查組織者感歎：經濟的蓬勃發展與個人的慾望是如此地緊密相連！

一部分受訪者覺得自己陷入「加急狀態」的原因是「希望擁有更多的財富」，但同時，更多的人卻「不知道為什麼，只是在疲於奔命」。

「工作第一，生活第二」正在成為中國年輕白領的生存信條。身心疲憊的年輕白領，開始變得對各種樂趣視而不見，「枯燥」「單調」成為他們描述自己生活最常用的詞彙。

對於匆匆忙忙的奔命族來說，不妨聽一聽來自雲南麗江古城的一個聲音。

雲南麗江古城，氣候宜人，土地富饒，物產豐富，人們生活悠閒，節奏緩慢而舒適。

有一個外國遊客看到這裡的人們生活悠閒，就問一個老太太：「夫人，你們這裡的人，生活節奏為什麼總是慢悠悠的？」

老太太說：「先生，你說人最終的結果是什麼？」

外國遊客想了想，說：「是死亡。」

老太太說：「既然是死亡，你忙個什麼？」

真是一語驚醒夢中人！這個老太太也許從來不知道什麼叫禪，但是她的話卻富有禪意。

大家想想看，我們身邊一年四季都有麗江一樣的好風景，我們卻匆匆忙忙疲於奔命，成了慾望的囚徒，成了物質的奴隸，這豈不是太得不償失了？

執幻以為真

慾望滾雪球，作繭而自縛。「中國式奔命」、「過勞死」的根本原因，是慾望的驅使。而慾望的產生，是由於對外在事物的執著。用禪的眼光來看，我們終其一生所苦苦追求的外在事物，其實都是虛幻不實的過眼煙雲。執著於虛幻的外物，認假成真，就會失去心靈的快樂和平靜。

渴鹿追陽焰

當我們夏天在烈日下開車的時候，經常會發現在前方200米左右的地方，有白汪汪的一片好像是積水一樣的東西。它看起來像水，實際上卻並不是水，是由於陽光的照射，在柏油路上形成的反光。有駕駛經驗的人都知道，這一片由於反光形成的看起來像是積水的東西，一直處在你車子的前方，任你怎麼加大油門，也總是走不到它的跟前去。如果你是一頭飢渴的鹿，認為它真的是一潭積水，想去喝它，拚命地朝它跑，那你就慘了。

在大乘禪法的十個最經典的比喻中，有一個「陽焰」的比喻，說的就是這個現象。《楞伽經》說：

> 譬如群鹿，為渴所逼，見春時焰，而作水想。迷亂馳趣，不知非水。

這裡所說的「陽焰」就是和夏天開車時公路上的「積水」相類似的一種現象。在廣闊的原野上，日光照映着浮塵，遠遠看上去，像是一潭清水。飢渴的鹿見了，以為它真的是一潭清水，就朝它狂奔而去。但無論這隻鹿怎麼奔跑，始終跑不到這潭水的前面。飢渴至極的鹿哪裡知道這些，它一個勁拚命地跑，最後把自己活活地累死了。

渴鹿追逐陽焰，形象地說明了一個人起心動念追逐虛幻事物的癡迷和危險。在禪的修行中，禪師時常提醒學人避免陷入這個泥潭。唐代的大安禪師說：

> 你們如果想要快樂，你的內心本來就有快樂；你們想要成佛，你們自己的本身就是佛。可是，你們卻偏偏要背井離鄉，到處亂跑，就像渴鹿追趕陽焰，要什麼時候才能覺悟呢！（《景德傳燈錄》卷九）

陽焰的譬喻非常經典，對人生的啟示也很深刻。唐代詩僧寒山子說：「陽焰虛空花，豈得免生老。」意思是，人生如果像渴鹿那樣追趕陽焰，認假成真，又怎能不經歷生老病死的痛苦呢？白居易在《讀禪經》詩中也說：「空花豈得兼求果，陽焰如何更覓魚？」虛空中的花朵，結不出果實；在看起來像水的陽焰裡，你又怎麼能得到真的魚呢？

白居易詩中的「空花」，是指空中之花，也是大乘十喻之一。患有眼病或用眼過度的人，會看到在虛空中有許多似花非花的幻影。實際上虛空本來沒有什麼花，它只是患有眼疾的人所產生的幻覺罷了。因此，禪宗三祖僧璨大師在《信心銘》中提醒世人：「夢幻空花，何勞把捉！」

和「渴鹿追陽焰」的比喻相似的，還有「水中撈月」的比喻。

他鄉流浪苦

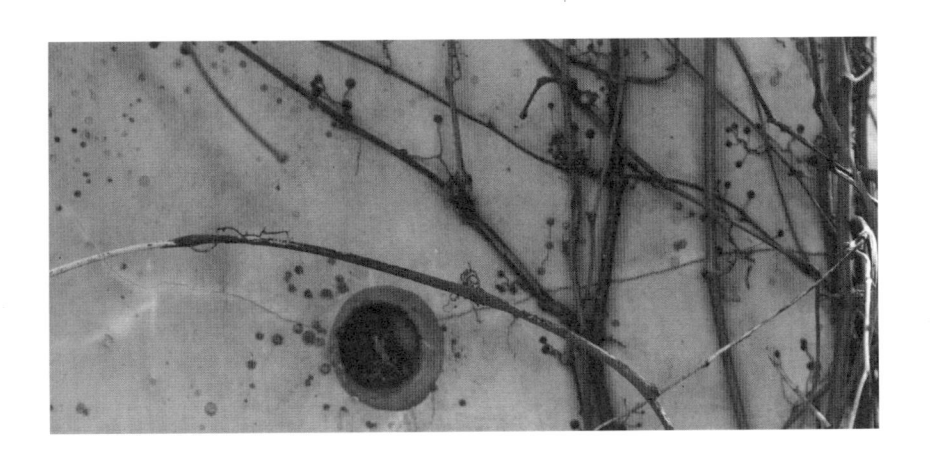

當我們認假成真，認虛為實的時候，就會迷失了本來的「我」。

和尚與差人

有一則古代笑話說，一個差人押解一個和尚，每次差人都要等「和尚」、「包袱」、「公文」、「我」點齊了才上路。

一天晚上，和尚和差人套近乎，感謝差人一路上辛苦相陪，並出錢買好酒好肉招待。

差人酒酣耳熱，在興頭上解開了和尚的枷鎖。

　　酒一杯接着一杯，差人爛醉如泥，和尚和店人將他抬到了房間歇息。

　　半夜，和尚剃掉了差人的頭髮，換上差人的衣服，悄悄地逃走了。

　　差人第二天早上醒來後，摸了摸包袱、公文，唸叨説：「咦，包袱、公文還在。」

　　但突然之間大驚失色：「和尚哪裡去了？」

　　他圍着房子轉了幾圈，哪有半個影子，急得他口乾舌燥，一個勁地撓頭皮。

　　這一撓不打緊，倒找了個光頭！

　　差人抱頭大叫：「啊，和尚還在！那麼，『我』又跑到哪兒去了？」

　　「我」到哪兒去了？這就是禪學最為關心的一個問題。禪主張「明心見性」，就是要找到本心本性，找到本來的我。

　　在生活中，我們要經常捫心自問：現在的這個我，真的是「我」嗎？那個原來的我，到底跑到哪裡去了呢？

捨父逃走

　　《法華經》裡，有這樣一則經典禪學故事，叫捨父逃走。

　　有一個年輕人，少不更事，離開了富有的父親，到異國他鄉流浪乞討。

　　他的父親為了方便找到他，就把家搬到了另外的一座城市。因為根據感覺，在那一帶可能會找到兒子。

終於有一天，在那座城市乞討的兒子來到了新家的前面。兒子看到這棟建築，很像他小時候生活過的那個家，又不敢確定。他想，天下哪有這麼巧的事情呢？我的家明明是在另外的城市啊，怎麼這裡也有一個和原來的家完全一樣的家？

這樣想着，他就猶猶豫豫，在門前徘徊，不敢走進去。思子心切的父親一眼就看出門外的這個人，正是自己尋找了多年的兒子，趕忙派人去傳他進來。兒子看到裡面的人朝自己走來，心裡害怕，拔腿就跑。

父親為了使兒子心安，就派人用僱他來家裡幹雜活為借口，讓他來家裡工作。久而久之，兒子慢慢地適應了這裡的工作。

父親在臨終的時候，把幹雜活的兒子叫到床前，向兒子說明了詳細經過，兒子這才明白他本人就是這份豐厚家業的繼承者。

這就是《法華經》的「捨父逃走」的經典譬喻。

在這樣一則經典故事裡面，富有的長者就是佛陀，而流浪他鄉的窮小子，就是我們迷惘的眾生。我們不知道自家財產的珍貴，自己精神生命的富有，偏偏要流亡他鄉，過着流浪的生活。背離了本心本性，追逐外物，就是「捨父逃走」。

「捨父逃走」的結果，就是「反認他鄉作故鄉」。

迷失本心追逐外物的眾生，就是流浪在外的遊子。遊子作客他鄉，時間久了，就會對自己追逐的對象習以為常，把它當成是生活的全部意義，這就是「反認他鄉作故鄉」。

反認他鄉作故鄉

《紅樓夢》裡面有一首《嘲頑石偈》說「失去幽靈真境界，幻來新就臭皮囊」，非常形象地寫出了迷失本心、流浪他鄉的情景。

在《紅樓夢》藝術世界中，作者想像賈寶玉原來是青埂峰（情根峰）下的一塊石頭，這塊石頭本來是女媧補天時剩下的，由於凡心熾動，才幻化成通靈寶玉，托生在人間，「到溫柔鄉裡受享幾年」。

「失去幽靈真境界」是指石頭離開了清幽靈秀的真境界。「幽靈」就是《紅樓夢》第五回中太虛幻境裡的「幽微靈秀地」，那裡有松風明月、虎嘯猿啼。「幻來新就臭皮囊」指石頭幻化為通靈寶玉。「幻」指幻化，「就」是依附。人的身體裡面盛有痰糞等污穢的東西，所以被稱為「臭皮囊」。這裡指寶玉。

這兩句詩說，我們每個人都迷失了本心，而追逐污穢的東西，迷失了本心本性，離開了原本清淨的精神家園，以致於「反認他鄉作故鄉」。這樣的人生就成了「亂哄哄你方唱罷我登場」的一場鬧劇。情天慾海，浩渺無涯。只有頓悟本心，才能回頭是岸。

在《紅樓夢》中，甄士隱家破人亡，晚年貧病交加，光景難熬。一天他上街散心，遇到一個跛足瘋道人，口中唸着一首歌。甄士隱聽了，問他：「你滿口說些什麼？只聽見些『好』啊『了』啊，『好』啊『了』啊。」那個跛足道人笑着說：「你如果聽見了『好』『了』兩個字，還算你是個明白人。要知道這世上所有的事情，好便是了，了便是好。若不了，便不好；若要好，須是了。我這歌兒，就叫做《好了歌》。」《好了歌》的內容是：

世人都曉神仙好，只有功名忘不了！
古今將相在何方？荒塚一堆草沒了！
世人都曉神仙好，只有金銀忘不了！
終朝只恨聚無多，及到多時眼閉了！
世人都曉神仙好，只有姣妻忘不了！
君在日日說恩情，君死又隨人去了！
世人都曉神仙好，只有兒孫忘不了！
癡人父母古來多，孝順兒孫誰見了！

　　甄士隱聽了跛道人「好便是了，了便是好」的話後，頓時大徹大悟，對道人說自己可以給《好了歌》作一個註解，就對跛足道人唱了一首《好了歌解》。之後，就追隨着瘋道人，飄然而去。這首著名的《好了歌解》的內容是：

　　陋室空堂，當年笏滿床；衰草枯楊，曾為歌舞場；蛛絲兒結滿雕樑，綠紗今又糊在蓬窗上。說甚麼脂正濃、粉正香，如何兩鬢又成霜？昨日黃土隴頭埋白骨，今宵紅綃帳底臥鴛鴦。金滿箱，銀滿箱，轉眼乞丐人皆謗。正歎他人命不長，那知自己歸來喪？訓有方，保不定日後作強梁。擇膏粱，誰承望流落在煙花巷！因嫌紗帽小，致使鎖枷扛；昨憐破襖寒，今嫌紫蟒長。亂烘烘你方唱罷我登場，反認他鄉是故鄉。甚荒唐，到頭來都是為他人作嫁衣裳！

　　這首《好了歌解》，對世人執著的各種對象作了淋漓痛快的剖析：

你執著於權力地位麼？「當年笏滿床」的達官顯宦人家，現在沒落成了「陋室空堂」；

你執著於歌舞繁華麼？當年的載歌載舞之地，現在滿目「衰草枯楊」；

你執著於青春不老麼？雖然「脂正濃，粉正香」，轉眼間「兩鬢又成霜」；

你執著於情感長久麼？「昨日黃土隴頭埋白骨」，你入土了，心還未安，你的伴侶「今宵紅綃帳底臥鴛鴦」，又和別人好上了；

你執著於家財萬貫麼？「金滿箱，銀滿箱」，你正在為擁有巨大的財富而風光得意，轉眼間，你從富豪跌成了一文不名的窮光蛋；

你執著於健康長壽麼？「正歎他人命不長，哪知自己歸來喪」，正在感歎他人短命，但第二天早上，你的腳就放不進床頭的那雙鞋子裡面去了；

……

自古以來，人生的舞台上，一直是鑼鼓震天，熱鬧非凡。我們不僅僅是觀眾，而且是演員，粉墨登場、手舞足蹈、聲嘶力竭，永遠不知道疲倦，永遠捨不得下台。就這樣上演了一場又一場的鬧劇，「反認他鄉作故鄉」！

「他鄉」，就是功名富貴、權力地位、歌舞繁華、感官刺激等等。當我們對它過於執著，拚命地鑽營追逐，就忘記了本心本性，就成了流浪在異國他鄉的遊子。

人之所以痛苦，不是擁有的太少，而是希望得到更多。

　　希望得到更多，就會被外在的事物所迷惑，所控制，就是「以物轉我」。

　　要擺脫外在事物的控制，使它不再像雪球一樣越來越大，不再像鐵鏈一樣越來越長，不再像繭子一樣越來越厚，最關鍵的就是要平熄心中的慾望之火，回歸本心，回歸本我，不受外物的控制，從容自在地驅遣這些外物，這就是「以我轉物」。

　　以我轉物，就可以獲得心靈的幸福與寧靜。

做自己的主人

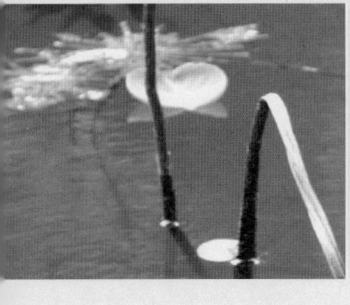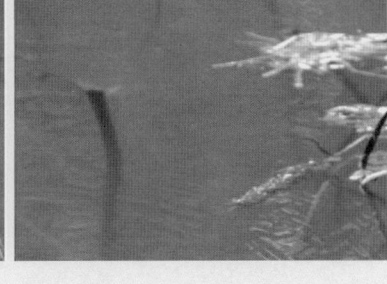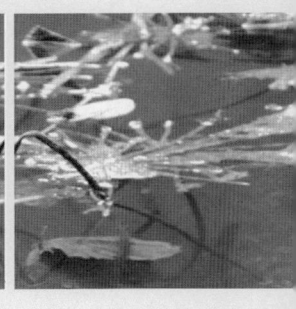

　　每個人都有本心本性，都有「自家寶藏」，它就是我們終生受用不盡的財富。迷失了本心本性，就會追逐外在的事物。在追逐外在事物的同時，又進一步迷失了本心本性。

　　因為迷失了本心本性，迷失在外在的事物之中，所以就要「轉」，要將這種局面「轉」變過來。禪修的最高深的功夫就是「轉」——將被外物控制的狀態，轉變成對外物的駕馭。

　　「以物轉我」，是外在的事物轉變了我，外物控制了我。

　　「以我轉物」，是我轉變了外在的事物，我控制了外物。

　　人的一生，之所以有無窮無盡的痛苦，是由於我們有了太多的慾望，我們被外在的事物牽着鼻子走，成了財奴、房奴、車奴、色奴、官奴。我們做不了自己的主宰，被外在的環境控制和束縛。

　　所以，必須改變「以物轉我」的情況，而做到「以我轉物」，成為自己的主人公。

迷己而逐物

《楞嚴經》裡有一段名言說:

一切眾生,從無始劫來,迷己逐物,失於本心,為物所轉。

這段話是禪學大師們教導弟子時最喜歡引用的句子。它的意思是說,芸芸眾生,從無限長遠的時間以來,迷失了本心本性,被外在的事物牽鼻子走。一味地追求金錢、物質和名譽,在滾滾的紅塵中,迷失了自己。

尋找逃跑的女孩

有一次，釋迦牟尼在寂靜的森林中坐禪，聽到遠處有兩個青年男女的歡笑聲。

不多久，就見一個年輕的女孩，急匆匆地從面前經過，逃到另一個方向的森林中去了。

隨後，男孩也匆匆地追了過來，見了釋迦牟尼，急急地問：

「剛才你有沒有看到一個女孩跑過來？她偷走了我的錢包。」

釋迦牟尼不動聲色地反問：「尋找逃跑的女孩和尋找本來的自己，哪個更重要呢？」

男孩顯然從來沒有想過這個問題，一時間感到無所適從。

釋迦牟尼再一次問他：「尋找逃跑的女孩和尋找本來的自己，哪個更重要呢？」

年輕人在心中反覆回味着釋迦牟尼的話，終於發現了「迷己逐物」的愚蠢。

其實，故事中的這個男青年，不是別人，就是我們自己。

我們一生中都在追逐功名利祿、酒色財氣，卻迷失了自家寶藏，迷失了本心本性。無窮無盡地膨脹的慾望，使我們成了物質的奴隸。

一心一意地追求物質財富，我們就會為外物所累。商品拜物教、金錢拜物教、富貴病毒症這些頑症、絕症，正在使我們失去自我，陷入極度的痛苦和無聊中。

逐物而迷己

有一句話説得很形象:「東西置身鞍上,騎着人類而行。」

人由於迷失了自己,才去追逐外物,這是「迷己逐物」。

同時,在追逐外物的過程中,人進一步迷失了自己,這是「逐物迷己」。

「天下熙熙,皆為利來;天下攘攘,皆為利往」。

人生在世,滿足生活的基本需要是天經地義,無可厚非。但是,過分的執著,無止境的慾望,就會使人迷失本性。雖然我們擁有了前所未有的豐富的物質生活,但也失去了最為寶貴的自家寶藏。於是,在人生的舞台上,我們像一隻隻木偶,被那隻無形的手所擺佈。

人生如木偶

臨濟禪師有兩句話説:

看取棚頭弄傀儡,抽牽全藉裡邊人。

意思是人生如同傀儡戲,嬉笑怒罵,都身不由己。

對這兩句話,宋代的臨濟宗傳人法演禪師深有體會。他對弟子們講了一個故事説:

老和尚我昨天進城,聽見了一陣鑼鼓聲,走近一看,只見一塊黑布

圍成了一座戲台，戲台上有十幾個木偶。有的很好看，有的很難看。有的穿戴華麗，有的破衣爛衫。這些木偶都能轉能動，能說能唱，會笑會哭。

我正看得津津有味，忽然看見黑布在晃動。走進去一瞧，原來黑布的後面有一個人，雙手牽着木偶身上的繩索，口中模擬出不同的聲音。

我一看，實在是有趣，忍不住笑了起來，問他：「先生貴姓？」那人回答說：「老和尚，你只管看就好了，何必問什麼姓呢？」我被他說得啞口無言。（《古尊宿語錄》卷二十）

法演禪師這段話，可謂煞費苦心：

木偶有的貧窮有的富有，有的在哭有的在笑，說明世俗的富貴貧賤都是虛幻不實的。

「何必問什麼姓（性）」，意思是本心本性，需要自己去體會，它是沒辦法用語言來表達的。

木偶被黑布後面的人牽着，說明人生在世，不能作自己的主人，而是要受到別人的擺佈。

熙熙攘攘的世人，都是這些被操縱的木偶，怎麼也離不了那無形巨手的擺佈。

那隻無形的巨手，就是名利權勢、金錢富貴等形形色色的外物。

人在表面風光的背後，是極度的無奈，就像木偶一樣，處處受到無形絲線的牽制：

生活需要金錢，你得拚命地去掙錢，那是「金錢」這根線在牽引着你。

人生需要「身份」，需要不斷地陞遷，有的人就削尖了腦袋往上

爬,那是「名位」這根線在牽引着你。

我們為名忙,為利忙,我們還以為我們自己操控着自己,實際上卻是被「別人」操控,成了名利的犧牲品。

我們有時像一個不能自主的木偶,有時又像被鞭打驅趕的陀螺。

人生如陀螺

現在的小朋友玩的陀螺是電動的。上世紀六七十年代,小朋友們玩的陀螺,則是用一根圓柱形狀的木頭削成的,在圓木的尖端,嵌進一粒鋼珠。先用鞭子把它繞着旋轉起來,然後用鞭子抽打它,它就能立住,不停地旋轉下去。為了讓陀螺轉得快,需要用鞭子不停地抽打它。在噼裡啪啦的抽打聲中,陀螺會一直不停地旋轉下去。

在生活中,也在上演着同樣的事情:

人們的慾望越來越強烈,有小房子的時候想要大房子,有了大房子想要買別墅;有了房子還想要車,有了車子後還想換豪華轎車;賺到一萬的時候想十萬,賺了十萬的時候想百萬,賺到百萬的時候想千萬……

一個接一個的慾望,無休無止,我們就忙個不停,轉個不停,就像那隻陀螺,被慾望的鞭子抽打着,無休無止地轉動。

其實,拿鞭子抽打着我們的,不是別人,正是我們自己。

被抽打的陀螺,轉得越來越快。但不管它轉得有多快,結局卻只有一個,那就是到了最後,仍然不得不停下來。

當這隻陀螺不得已停下來的時候,它感覺到的,就只剩下絕望和痛苦了。

以我轉外物

　　《楞嚴經》在「一切眾生，從無始劫來，迷己逐物，失於本心，為物所轉」的後面，有兩句話說：

　　　　　　　　若能轉物，即同如來！

　　「轉物」是指擺脫外物對人生的控制，能夠隨心自如地驅遣外物，而不被它牽著鼻子走。

　　當你能夠自由自在地驅使外物的時候，你就是大徹大悟的人了。

　　禪的真諦，就是要超越聲色紛紜的外部世界，在滾滾紅塵中，保持心靈的寧靜與自由。

　　《莊子》說：「君子不役於物。」君子不會被外物所奴役，

不會成為外物的奴隸。

只是，這樣的君子，在今天如鳳毛麟角，實在是少之又少。今天，我們生活在豐富多彩的世界裡，要想不被外在的事物所奴役，沒有非凡的定力是絕對不可能的。

在現實生活中，我們往往為外物所累，並因此而變得平庸，變得世俗，變得污濁不堪。

蘇轍說，人生在世，如果能夠「不以物傷性，將何適而非快？」（《黃州快哉亭記》）適度的物質需求，在生活中不可或缺。但過分地追逐外物，就會被外物所奴役，成為外物的奴隸，就傷了本心本性。

怎樣才能擺脫「以物轉我」的處境？

出路只有一條，這就是「以我轉物」。

「以我轉物」，就是以「我」來轉變外在的事物，從被外物奴役的狀態中解脫出來，駕馭外物。

你如果被房子所奴役，你就成了「房奴」；你如果被功名所奴役，你就成了「官奴」。這就是「以物轉我」。

當你「以我轉物」時，就可以從房奴、官奴的角色中解脫出來，不論房子大小，都會過得舒坦；不管官位多大，都會活得自在。

滿屋的月光

在一個電視節目秀中，當主持人問台上的幾個女生理想中的對象是什麼樣子時，她們的標準是「有房、有車」，甚者在這兩個前提下，「有老婆」也可以接受。

這就是迷己逐物、逐物迷己的悲哀。在這個時候，我們迷失了自己，我們的心被房子等外物所填充、佔據，整個人成了外物的奴隸。

其實，我們原本可以活得輕鬆一些的。只要把握好其中的尺度，打開心靈，愜意的涼風，美麗的月光就會流瀉進來。而這些大自然的恩賜，本來就是「清風朗月不用一錢買」的。

一個垂暮之年的老和尚，臨終時想把自己的衣缽傳給弟子。他有三個弟子，悟性都很高，這讓老和尚一時很難抉擇。

在一個月色清亮的夜晚，老和尚感覺到自己就要離開這個世界了，該到選定繼承人的時候了。

他叫來了三個弟子，每人發了一枚銅錢，讓他們每人出去買一樣東西，看誰買的東西既便宜，又能填滿禪房。

大弟子和二弟子拿到銅錢後，就出去了。最年輕的那個弟子，仍然端端正正地在一旁打坐。

過了一會兒，大弟子回來了，他告訴師父，用銅錢買了幾車乾草，可以填滿禪房了。

老和尚聽了，搖了搖頭。

接着，二弟子也回來了。他從袖子裡取出一支蠟燭，把它點亮，燭光照亮了整個禪房。

老和尚露出了滿意的神色。同時，把眼光掃向了他身旁最小的弟子。

只見這個弟子慢慢地起身，將銅錢還給了老和尚，雙手合十，說：「師父，我買的東西就要來了！」

說着，他「噗」地一聲吹滅了蠟燭，禪房頓時顯得一片黑暗。

弟子將手往門外一指，說：「師父您看，弟子買的東西已經來了！」

大家向門外看去，只見一輪滿月，碩大無比，懸掛在天上。

水一樣的月光湧進了禪房，禪房裡灑滿光輝，一片透亮。

老和尚驚訝得半晌說不出來話，眼中流下了喜悅的淚水。他脫下了袈裟，輕輕地披在了弟子的身上。

原來，從「以物轉我」到「以我轉物」，竟是這樣簡單——

只要你擁有一顆喜悅自在的心，不論你走到哪裡，都有清亮的月色，都有我們的穹廬和家舍。轉化的關鍵，就在一念之間！

歸去來兮·鱸魚膾

小說《官場現形記》中有一段描寫，說一個人做官做上了癮，臨死前躺在病床上，已經進入了彌留狀態，這時他的心裡只有一個意念：「我還在做官！我還要過官癮！」

於是，他讓家人打扮成兩個副官的模樣，站在房門口，拿出舊名冊。一個副官唸道：「某某大員駕到！」另一個副官唸道：「老爺欠安，擋駕！」

在現實生活中，有很多人像《官場現形記》描寫的那樣，做官做成了官迷，離開了官位就幾乎活不下去了，受不了「門前冷落車馬稀」的事實。這些人一旦從官位上退下來，就會發悶、發慌，一夜之間，會滿頭白髮，甚至憋出了病，送掉了命。很多人做官成癮，也因此上演了一場又一場鬧劇。

2008年2月4日，鳳凰衛視「鏘鏘新春鬧斯卡」節目播出。榮獲2007年度「鬧斯卡」最猛導演獎的，是某市委一位主任導演的「大閱兵」。

2007年，某市某書記非常光榮地代表人民群眾到外地開會，當他載譽歸來的時候，市委辦公室主任以大班底大製作，為這位書記獻上了一場盛大的歡迎儀式。在這場盛況空前的歡迎儀式上，彩旗招展，人山人海。充氣的巨型拱門上寫着歡迎某書記「載譽歸來」的標語。街頭鑼鼓喧天，鞭炮齊鳴。歡迎隊伍中有學生、教師、工人、農民、公務員、警察、企業家、醫生、護士等等。某書記神采飛揚地檢閱歡迎隊伍，向大家揮手致意，眾人昂首挺胸地行注目禮，一時間，「首長好」，「同志們好」的應答聲此呼彼應。某書記在親切友好氣氛中，和人民群眾的代表分別握手……

全片場面宏大，陣容豪華，對白感人。經過「鏘鏘三人行」五名在場嘉賓的評選，此次「大閱兵」不負眾望，獲得了新春「鬧斯卡」最猛導演獎。

這是熱衷於功名權力的例子。在歷史上，陶淵明的掛冠歸隱採菊東籬，張翰的秋風鱸魚辭官歸鄉，則是從容淡定地從官場全身而退的典範。

陶淵明四十一歲時，當了彭澤（今江西九江東北）縣令。一天，衙

役來報：郡裡要派督郵到彭澤來視察。陶淵明知道，那個督郵是個專門依附權勢、阿諛奉承的鄉里小人。陶淵明想到自己要穿戴齊整、強作笑臉去迎候這種小人，心裡實在不情願，他沒法忍受這種狀況，説：「我怎麼能為了這區區五斗米的俸祿，就向卑鄙小人折腰鞠躬呢？」於是掛冠而去，乘船離開了彭澤。

這以後，陶淵明在家鄉過着悠然自得的隱居生活。他每天喝喝酒，寫寫詩。他歸田後的二十多年，是文學創作最旺盛的時期，《歸去來辭》、《歸園田居五首》、《桃花源記》、《飲酒二十首》等等，都成了中國文學史上的名篇佳作，千古以來，流傳不衰。

晉惠帝永寧元年(公元301年)，在朝為官的文人張翰，看到秋風吹黃葉，紛紛飄落，感歎世事無常，官場艱險，就用思念家鄉的蓴羹、鱸魚膾為借口，從洛陽辭官返回故鄉，在南湖遊玩釣魚，吟詩作畫，不亦樂乎。

表面上，他是在思念家鄉的鱸魚膾，實際上，他真正追求的，就是這份超然物外的逍遙。《晉書》中記載張翰辭官時感歎説：

人生貴得適志，何能羈宦數千里，以要（邀）名爵乎！

這分明是另一個活脱脱的陶淵明。陶淵明不為五斗米折腰，辭了縣令不做，把酒西風，採菊東籬。張翰也同樣掛冠而去。家鄉的鱸魚膾，成了他放棄仕途、回歸自由的觸媒。

在歷史上，有人不愛江山愛美人，這已經夠離譜了。張翰更是另類，他不愛官位愛美食，為了一碗魚湯就扔掉了高官厚祿。但是，張翰的這個舉動，卻留給了世人無窮無盡的回味。

　　在禪學裡面，不為官位所轉的最著名的人物，就是釋迦牟尼。他放着王子不做，放着王位不去繼承，在一個半夜時分，偷偷地翻出了城牆，刻苦修行，思考人類心靈痛苦的原因，並終其一生都在尋找解決人類心靈痛苦的方法。中國禪的創立者六祖慧能大師，也繼承了這樣的風骨。他一生沒有做官，在南方弘揚禪學。當武則天、唐中宗派出使者，前來迎接他前往京城時，他都婉言謝絕了。

　　唐代江州刺史韋丹有一首《思歸寄東林澈上人》詩説：「王事紛紛無暇日，浮生冉冉只如雲。已為平子歸休計，五老巖前必共聞。」詩中説公務繁冗，時光虛度，自己真希望能夠像東漢人向平那樣，等兒女婚嫁一類的事情處理完了，就可以出遊名山大川，到廬山五老峰和靈澈禪師一起，享受閒暇的生活了。靈澈禪師寫了一首《酬韋丹刺史》説：「年老心閒無外事，麻衣草座亦容身。相逢盡道休官好，林下何曾見一人？」詩中説，留戀官位的士大夫們，口頭上不停地説休官好，真正能夠毅然決然地不做官奴，歸隱林下的，實在是少之又少！

自在作主人

　　迷己逐物，逐物迷己，人生像木偶一樣被外在的力量牢牢地控制，像陀螺一樣被慾望的鞭子猛烈地抽打。只有「以我轉物」，才能作自己的主人。

　　所以，我們要時時刻刻提醒自己：要做自己的「主人公」！

主人公

　　有一家寺院，每天一大早，不等寺院裡的晨鐘敲響，和尚們就被老方丈的呼喊聲叫醒了。不過，老方丈呼喊的並不是寺院裡和尚們的名字，而是他自己的名字。

　　就這樣過了很多年，老方丈總是在晨鐘敲響前半小時左右，早早起床，站在寺院附近的山坡上，對着山谷大聲呼喚自己的名字。

　　有一個小和尚問老方丈：「您怎麼天天呼喊自己呢？這樣做到底有什麼禪機？」

　　老方丈笑笑說：「我在清醒時可以管住自己，但晚上做夢的時候，就在夢中雲遊四海，有時候還差一點回到了出家前的生活中去，根本無法約束自己。醒來之後，當然要呼喚自己了，早早把自己喊回來。不然，就有可能把自己走丟了，再也找不到自己了⋯⋯」

　　對老方丈這樣的修行人而言，擔心的還只是在夢裡走失自己。對一般人而言，就不只是在夢裡才會走失了。在現實生活中，一不留神，也同樣會走丟了。

　　所以，在禪的修行中，就要時時刻刻保持清醒，不讓自己走失。

　　師彥禪師在石上坐禪時，經常自問自答。

　　他喊自己：「主人公！」

　　自己回答：「哎！」

　　「清醒着，以後不要受別人欺騙！」

　　「是的，是的！」（《五燈會元》卷七）

　　師彥所呼喊的「主人公」，就是生命中真實的自己，就是自己的本心本性。

　　如果你為外物所轉，喪魂落魄，東飄西蕩，沒有自己的立場、方向、主宰，就是迷失了主人公。

　　師彥禪師在坐禪時自己喊自己的名字，就是提醒自己不要被外物所轉，不要成為木偶和陀螺。

　　當你成為自己的主人公的時候，就可以自由自在地支配你的時間和生活了。

老僧使得十二時

學人問趙州禪師：「十二時中如何用心？」

趙州説：「汝被十二時辰轉，老僧使得十二時。」（《趙州禪師語錄》）

古代從午夜子時開始，到亥時為止，把一天劃分為十二個時辰，每一個時辰相當於現在的兩個小時。「十二時」就是一天一夜。

通常，人在清醒的時候都無法掌控自己的心念，在睡夢中自然更是管不住自己。學人問話的意思是説：

「像您這樣的得道高僧，在一天的十二個時辰中，包括在睡夢之中，到底是怎樣做到一絲一毫的妄念都不生起的呢？」

趙州禪師答話的意思是，一般的人「被十二時辰轉」，在睡夢中固然約束不了自己，在清醒的時候，也心猿意馬，妄念紛飛。他們吃飯的時候不在吃飯，走路的時候不在走路，心口不能一致，身心不能一致，在十二個時辰中被妄想雜念所困擾，這就是為物所轉，以物轉我。

而自己呢，在一天的十二個時辰中，心靈純一無雜，清清亮亮，這時候，根本不用刻意去克制什麼妄想，因為早已經沒有一點點妄想的影子了。這種快樂自在的心態，就是自由自在地驅使十二個時辰。

迷失了本心本性，就會追逐外在的事物。追逐外在事物的同時，我們就進一步迷失了本心本性。

所以，要不為物轉，就要將這種局面「轉」過來，以我來轉變外在的事物，以我來駕馭外在的事物。

　　這時，我們就不再是木偶，不再是陀螺，而是自由自在地超然於外物的誘惑之上，以一顆金剛不動之心，淡定自如地笑對大千世界的滾滾紅塵。

　　「以我轉物」的具體方法，就是禪學的利器——「不二法門」。

超越一切的不二法門

　　宋代圓悟克勤禪師有兩句話說：「春色無高下，花枝自短長。」（《圓悟禪師語錄》卷九）這兩句禪語將人類的分別心形容得十分生動。春天的景致本來沒有什麼高下的不同，但在人類的眼裡，這些花朵有長短之別。大部分人偏偏喜愛色澤繁艷、香氣濃郁的花，而嫌棄樸素無華、香氣平淡的花。

　　其實，「長」也好，「短」也罷，都是大自然之美的顯現，用不着人們去較短論長。由於有了分別之心，人為地生起了好惡的念頭，就蒙蔽了智慧的眼睛，看不清自然宇宙、社會人生的真面目，在對美醜、好惡的分別中迷失了自己。

　　人類由於有了苦樂、悲喜的種種對立，才產生了各種癡迷妄想和煩惱。要想從根本上解除苦惱，就必須超越這種相對的世界。超越相對的世界，就是要清除我們意識中根深蒂固的分別的念頭。這是禪的智慧給予人生的切切實實的受用之處。

　　放下執著、明心見性的最根本最有效的方法，就是「不二法門」。通過不二法門，可以超越一切對立，涵養從容淡定的心態。

　　「不二法門」是《維摩詰經》等大乘經典所提倡的超越生死對立的方法，被禪者視為超對立的利器。禪宗三祖僧璨大師的《信心銘》說：「才有是非，紛然失心。」——一旦生起了相對的念頭，就會破壞原本完整的心態。因此凡是涉及到相對的見解，都要加以揚棄，片刻也不讓它停留心中。「要急相應，惟言不二」。——要想與真理相符合，得到覺悟，就必須體會不二法門。

　　不二法門將自他、好惡、貧富、貴賤、尊卑、大小等一切的相對觀念打成一片。運用不二法門，可以使我們對自己與他者、讚美與詆毀、順境與逆境、生命與死亡等問題，有着智慧而圓滿的體會。

自他本無異

　　自他本無異的意思，是說自己與他者是不二的。我（自）和你（他）本來是兩個不同的生命體，為什麼說不二？這是因為，一切事物都處在相互聯繫之中，依靠一定的條件和相互作用而產生、發展和消亡，沒有固定不變、獨立存在的性質。

　　世界上的所有事物，都是由於各種因緣的和合而生起，由於因緣的離散而消失和死亡。「此有則彼有，此生則彼生。此無則彼無，此滅則彼滅」（《雜阿含經》卷四十七）。一切事物都是緣起的，一切事物從緣而生，又從緣而滅。所以，自己和他者，是互相依存、互相成就的，並沒有本質上的區別。

蘇東坡琴詩

萬事萬物皆由緣而起。所謂緣，就是事物之間的普遍聯繫。《楞嚴經》說：「譬如琴瑟琵琶，雖有妙音，若無妙指，終不能發。」這段話的本義是說，一個人要想獲得開悟的話，需要兩個條件，第一是自心清淨，第二是導師的指點。這兩個條件合在一起，才有開悟的可能。蘇軾《琴詩》就化用了這段經文的意思，表達了對聲音緣起的體會：

> 若言弦上有琴聲，放在匣中何不鳴？
> 若言聲在指頭上，何不於君指上聽？

詩的意思說，僅有琴弦不能發聲，僅有指頭也不能發聲，琴聲產生於手指與琴弦的相互作用之中。

韋應物《聽嘉陵江水寄深上人》也說：「水性自云靜，石中本無聲。如何兩相激，雷轉空山驚？」表達了同樣的禪悟體驗：水和石頭本來都是安靜的，由於地勢有高有下，江水沖激到石頭上，這樣才有了聲音。如果水和石頭之間沒有因緣的合成，那麼水聲就不能產生。世上萬事萬物，莫不如此。

薔花與牽牛花

既然萬事萬物都是緣起的，自己與他者、觀察的主體和觀察的對象，都是你中有我，我中有你，互相包含。當「我」在看山看水看萬物

時，「我」在山水萬物的裡面，山水萬物也在「我」的裡面。日本詩人芭蕉在鄉野小路上散步時，寫有一首小詩：

啊，
一顆薺花，
開在籬牆邊！

在日本有禪學泰斗之稱的鈴木大拙博士，對這首小詩幾乎到了崇拜的地步。鈴木大拙説：

當芭蕉在那偏遠的鄉村道路上，陳舊破損的籬牆邊，發現了這一枝不顯目的、幾乎被人忽視的野草，開放着花朵時，他就激起了這個神聖的情感：這朵小花是如此純樸，如此不矯揉造作，沒有一點想引人注意的意念。然而，當你看它的時候，它是多麼的溫柔，充滿了聖潔的榮華！正是它的謙卑，它的含蓄的美，喚起了詩人真誠的讚美。

芭蕉在每一片花瓣上都看到了生命的最深的神秘意義。當一個人的心靈詩意地張開時，他就會像芭蕉一樣，覺得在每一片野草的葉子上，都有一種真正超乎所有卑下的人類情感的東西，這個東西將人提升到一個純潔而神聖的領域。

鈴木大拙引用了西方人但尼生的一首詩來與芭蕉的詩加以比較：

牆縫裡的花兒，

我把你從縫中拔出；連根帶花，都握在我的手中，

小小的花兒——倘若我能理解

你是什麼，——連根帶花，一切的一切，

我就應該知道上帝與人類是什麼。

從而得出了一個結論：西方人的心靈是分析的、非人性的、以自我為中心的；東方人的心靈是綜合的、人性的、超出人類中心主義傾向的。在這首小詩中，芭蕉看到了薺花，薺花看到了芭蕉。人與物的界限泯滅了，人不再帶有實用的、自私的目的，將花從枝上採下來帶回屋裡觀賞。而西方人所做的，卻恰恰與此相反！

毀譽一時休

禪學認為，有八種東西能引起世人強烈的情感反映，它們分別是：利、衰、毀、譽、稱、譏、苦、樂。

符合自己意願的叫「利」，不符合自己意願的叫「衰」。

暗中的譭謗叫「毀」，暗中的讚譽叫「譽」。

當面的稱讚叫「稱」，當面的譏嘲叫「譏」。

身心的煩勞叫「苦」，身心的快樂叫「樂」。

由於這八種東西能煽動人心，所以叫「八風」。

有一則禪語叫「八風吹不動天邊月」，意思是一個有修養功夫的人，他的心性如天邊的明月，任憑八風吹拂，猶自歸然不動。

「八風吹不動」是一種很高的修行境界。但要想真正做到，卻非常的不容易。

蘇東坡與佛印

蘇東坡在長江北岸的瓜州任職時，與一江之隔的金山寺住持佛印禪師時常過往。蘇東坡在文人中算得上是數一數二的有慧根的人，平時喜歡談禪論道，在詩詞中時常顯露出禪機禪趣。這天，東坡自覺參禪有了心得，就寫了一首禪詩，派書僮送過江去，請佛印禪師指正，並一再叮囑書僮要討禪師的回信。那首詩寫的是：

> 稽首天中天，毫光照大千。
> 八風吹不動，端坐紫金蓮！

蘇東坡的這首詩，表面上是讚佛，實際上是稱讚自己的定力很厲害。「天中天」是最為尊貴的人，這裡用來吹噓自己。「稽首」就是頂禮。「毫光照大千」是說自己的光明普照大千世界。後面兩句說，哪怕八風拚命地吹拂，自己也穩如泰山，絲毫不為所動，端端正正地坐在紫金蓮花寶座上。這首詩的字裡行間，流露出無限的風流自賞。

佛印禪師看到蘇東坡的詩，就笑着搖了搖頭，隨手在上面批了兩個字：「放屁。」

不久，送偈子的書僮回來了，稟報說偈子已送給佛印禪師，禪師看了後，在上面批了「放屁」兩個字，就隨手把偈子扔到地上，自己連忙給撿回來了。

蘇東坡聽了，氣不打一處來，急急忙忙備船，來到江北，要親自找佛印理論。

船還沒到金山寺，遠遠的就見佛印禪師早已站在江邊等候。蘇東坡一見到佛印，就氣乎乎地說：「老和尚，我們是老朋友，我的詩你不讚美幾句也就罷了，為什麼還要罵出這麼難聽的話呢？」

佛印若無其事地說：「我罵了你什麼啊？」

蘇東坡於是將詩上批的那兩個字指給佛印看。

佛印就笑着說：「學士真的是『八風吹不動』麼？」

東坡還沒有反映過來，說：「當然，當然，那還用說！」

佛印哈哈大笑道：「好好好，八風吹不動，一屁過江來！」

東坡聽了，不禁啞然失笑，心想：「哎呀，今天，我又栽在這個老和尚的手裡了！」

現實生活中，形形色色的「風」實在是太多了，我們每天都在各種各樣的「風」裡打轉。當名的風、利的風、錢的風、枕頭風、裙帶風在一個勁地吹拂時，我們能真的「端坐紫金蓮」嗎？

白隱禪師與鄰女

日本的白隱禪師，德高望重，素來受到寺院附近居民的稱讚，大家都說他是位純潔的聖者。

有一對夫婦，在他的寺院附近開了一家食品店。這對夫婦有一個漂亮的女兒。有一天，夫婦倆發現女兒的肚子突然大了起來。

這件事讓夫婦倆十分惱怒，他們向女兒追問來由。女兒起初死活不肯說出那人是誰，經不過父母的一再逼迫，她終於說出了白隱禪師的名字。

　　她的父母怒不可遏，立刻去找白隱禪師理論，不停地辱罵白隱禪師：

　　「呸，虧你還是個高僧大德，名聲在外，竟然人面獸心，做出這樣有污佛門的事情來！」

　　禪師靜靜地聽着，自始至終沒有做任何解釋，到最後，只淡淡地說了一句話：「哦，就是這樣子的嗎？」

　　女兒把孩子生下來後，夫婦倆把孩子送給了白隱。

　　這時的白隱禪師，名譽掃地，每個人都對他嗤之以鼻。但他並不介意，非常細心地照顧孩子。為了養活孩子，他到處乞討，為嬰兒討取所需的奶水和生活用品。

　　白隱禪師在眾人的唾罵聲中，默默地撫養着孩子。

　　一年之後，這位沒有結婚的媽媽，再也忍受不了內心的折磨，終於向父母吐露了真情。原來，這孩子的親生父親另有其人。自己說白隱禪師是孩子的父親，是給他栽上了一項莫須有的罪名。

　　女孩的父母立即將她帶到白隱那裡，向禪師連連道歉，請求禪師的原諒，並將孩子帶了回去。

　　白隱禪師含笑，無語，只是在交回孩子的時候，輕聲地說了那句同樣的話：「哦，就是這樣子的嗎？」

　　白隱禪師的慈祥寬容，使女子全家深感慚愧。從此，他們更加敬重大師的人品和修行了。

　　白隱禪師以他艱苦卓絕的修行，砥礪成了「八風吹不動」的金剛不動心。

　　大家想一想，在生活中，如果這種事情發生在自己的身上，我們會

不會火冒三丈，千般辯解，萬般開脫呢？我們與禪的境界，到底有多遠，是一步之差，還是天壤之別？

「從他謗，任他非，把火燒天徒自疲。我聞恰似飲甘露，銷融頓入不思議！」這是六祖慧能的弟子永嘉大師《證道歌》中的名句。意思是說，別人的誹謗也好，非議也罷，就像架起柴火來燒天，天不會因此被燒焦燒壞，可憐那放火的人是枉費了心機。一個超越了是非毀譽的人，面對詆毀誣陷，就像是在飲甘露，有無量的受用自在，這樣的功夫，確實是不可思議！

天是空虛的，空曠的，你架火燒它，它不會生起瞋恨，平靜地領受；心是博大的，不二的，毀譽稱譏，利衰苦樂，它毫無分別，慈悲地包容。

順逆不干懷

人的一生中，有順境有逆境，有光風霽月的天氣，有風雨交加的日子，有春風得意的高潮，有淒風苦雨的低谷。對這種種境況，用智慧的心境來對待，就會淡定從容，輕鬆自在。

定風波

東坡在沙湖道上遊覽時，突然遭遇到了陣雨，同行的人都狼狽不堪，而他卻一點也沒有放在心上。過了不久，天色漸漸放晴，東坡興致大起，寫了一首《定風波》詞來抒情言志：

莫聽穿林打葉聲，何妨吟嘯且徐行？竹杖芒鞋輕勝馬，誰怕？一蓑煙雨任平生。

料峭春風吹酒醒，微冷，山頭斜照卻相迎。回首向來蕭瑟處，歸去，也無風雨也無晴。

這首詞生動地表達了蘇東坡忘懷得失的人生態度。詞的重點，在最後一句——「也無風雨也無晴」。「風雨」，比喻窮困、失意、挫折等；「晴」，比喻通達、得意、順暢等。

一般人的心態容易被外在的環境所控制，成功時得意忘形，挫折時

一蹶不振。這樣一來，我們的心就隨着悲喜得失，起伏不定。而在蘇東坡看來，風雨陰晴，不過是過眼雲煙。

人生在漫長的歷史過程中，只不過是短短的一瞬。糾纏在陰晴圓缺之中，只會惹得「早生華髮」。

所以，與其糾纏於風雨，還不如忘懷於風雨。

我們固然無法選擇生活的內容，但我們可以選擇面對生活的方式。

當你強化、放大風雨的時候，你就會黑雲壓城，雨驟風狂；

當你淡化、放下風雨的時候，你就會雨過天晴，雲淡風輕。

順境不驕傲，逆境不沮喪；置身風雨中，不為風雨動，這就是超越了風雨陰晴的禪境。

此心安處是吾鄉

蘇東坡的「也無風雨也無晴」，成了中國歷史上不以窮通得失掛懷、瀟灑曠達的人生情懷的範本。

這種「也無風雨也無晴」、寵辱不驚的人生態度，還貫穿在他對人物的評價中，貫穿在他本人的人生歷煉中。

蘇東坡歷盡政治風波，劫後餘生，從邊遠地區回到京城，在翰林院供職。不久，好友王定國也從嶺南被召回京城。兩人相見，開懷暢飲。酒席間，王定國讓歌女柔奴勸東坡飲酒。柔奴眉清目秀，應對敏捷。但是，更吸引東坡的，是她的那種淡定平和的氣質。蘇東坡問她：「你的家人都在京城，你一個人跟主人在嶺南呆了這麼長的時間，那裡風土不好，這些年夠辛苦的吧？」

柔奴安詳嫻雅地回答說：「此心安處，即是吾鄉。」

東坡聽了，感到非常的震撼：這麼一個柔婉嫵媚的女孩子，卻有這麼灑脫、這麼超然的心境。感慨之餘，東坡寫了首《定風波》詞來表示讚許。詞中說：

萬里歸來顏愈少，微笑，時時猶帶嶺梅香。試問「嶺南應不好」，卻道，「此心安處是吾鄉」。

「此心安處是吾鄉」是柔奴置身逆境、波瀾不驚、超然其上的感悟，也是古代的知識分子所追求嚮往的境界。唐代白居易在詩裡就經常流露出這種感受，如「身心安處即吾土，豈限長安與洛陽？」「我生本無鄉，心安是歸處」。「無論海角與天涯，大抵心安即是家」。

這種心境，也給了仕途坎坷的蘇東坡莫大的受用。正因為蘇東坡的自身也有着「此心安處是吾鄉」的曠達，他在被貶到偏僻荒涼的嶺南時，仍然非常樂觀，寫下了那首著名的詩歌：

羅浮山下四時春，盧橘黃梅次第新。
日啖荔枝三百顆，不辭長作嶺南人。

蘇東坡在垂暮之年被貶到惠州，仍然曠達灑脫，忘懷於得失。當他吃着荔枝時，不是在怨天尤人，而是在感恩，這樣一來，在別人難以承受的苦難中，反而發現了生命的喜悅與自在。

如果執著於繁華，蕭瑟時就會痛苦萬分。如果在花繁柳艷處，淡定

從容，秋風蕭瑟的時候，就不會有失落的痛苦。如果執著於繁華，蕭瑟時就會痛苦萬分。如果在花繁柳艷處，淡定從容，秋風蕭瑟的時候，就不會有失落的痛苦。這就是《菜根譚》說的：「寵辱不驚，閒看庭前花開花落；去留無意，漫隨天外雲卷雲舒。」也是蘇東坡自己說的：「成固欣然，敗亦可喜。」（蘇軾《觀棋》）

這就是超越順境與逆境、超越得失、超越成敗的不二法門。

生死得自由

　　生命與死亡，用不二法門加以超越，就像冰與水、抬起腳與放下腳一樣。

　　水在低溫下凝結，就成了冰；冰在高溫下融化，就成了水。兩者在形式上雖然不同，本質上並沒有兩樣。

　　走路的時候，抬起腳是在走路，放下腳也是在走路。

　　如果我們用這樣的心態來看待生命與死亡，就會像泰戈爾散文詩所說的那樣：

　　　　　　生如春花之絢爛，死如秋葉之靜美。

　　生如春花之絢爛，「生」得活潑旺盛；
　　死如秋葉之靜美，「死」得寧靜從容。

　　用這樣的平常心來看待死亡，就會視死如「歸」，不再將它視為畏途了。

　　要知道，生生死死，猶如花開葉落，都是自然而然的生命現象。

父死，子死，孫死

　　馬祖禪師晚年身體欠安，學人問：「師父身體如何？」馬祖說：「日面佛，月面佛。」

　　根據《佛名經》的記載，日面佛壽長一千八百歲，月面佛壽僅一晝夜。馬祖借用「日面佛，月面佛」這兩句話，意思是：像日面佛那樣活得長長久久固然好，但像月面佛那樣只活一晝夜，也沒有什麼遺憾的。因為各人有各人的壽命，只要活在當下，把握當下的每一天，每一個時辰都活得開心、自在、踏實，活得長活得短並沒有兩樣。

　　不管是「日面佛」還是「月面佛」，不管是生還是死，不管是病還是沒病，一切順其自然，遠離分別和執著，就是參破生死的大智慧。

　　在日本，有一個富商非常敬重仙崖禪師，請禪師寫一些祝福的話，祝福他的家族永遠興旺。富商想把這些話作為傳家寶，世世代代傳下去。

　　仙崖禪師展紙研墨，大筆一揮，寫下六個字：

　　　　　　　父死，子死，孫死！

富商看了，非常生氣：「我是請您寫一些祝福我家世代幸福的話，你怎麼開這麼大的玩笑？」

仙崖禪師認真地說：「我沒有一點開玩笑的意思。」

富商疑惑不解地問：「這是怎麼說呢？」

仙崖禪師說：「這裡面的道理再清楚不過了！你想想看：假如你的兒子在你前面死，白髮人送黑髮人，你將十分悲痛；假如你的孫子在你兒子前面死，你和你的兒子都會更加悲痛。假如你的家人一代一代地，按照我所寫的次序死，這就叫享盡天年，這才是真正的興旺啊！」

富商聽了，為自己的失態深感羞愧。他用高額的禮金，酬謝禪師的教誨。

一個人如果能夠依照自然的壽命過完這一生，沒有什麼意外不幸的事件發生，那就是莫大的福分。仙崖禪師的書法，正印證了他自己所說的那句話：

「生命，乃是死亡的開始。」

勘破了生死，超越了生死，就能生得更自在，死得更從容，就能生如春花之絢爛，死如秋葉之靜美。

我們都是過客

憨山大師是明代末年四大高僧之一。有一次，他雲遊的時候迷了路，不知走了多久，才在漆黑的夜裡見到一盞燈火。定睛一看，原來是一戶人家。憨山大師很高興，立刻上前敲門，請求借住一宿。

屋主聽到他提出的要求後，板著臉拒絕說：「對不起，請另外找地

方。我家不是旅店！」

大師笑着說：「你說錯了，你家就是旅店！我只要你老老實實回答我三個問題，就可以證明你家就是旅店。」

屋主說：「我不信！只要你能說服我，我就讓你進門。」

憨山就問：「在你以前，誰住在這裡？」

屋主說：「家父！」

「那麼在令尊之前，誰又是這間屋子的主人？」

「我祖父！」

「如果施主過世，誰又會做這間屋子的主人？」

「我兒子！」

憨山大師大笑着說：「哈哈，這不就對了！你不過是暫時住在這裡面，也像我一樣，大家都是旅客啊。」

屋主一聽，覺得有道理，就把他請了進來。於是，憨山大師在屋裡美美地休息了一個晚上。

「不二法門」是禪宗超越對立以達到心理祥和的利器。運用不二法門，可以超越一切對立的觀念，當這些相對的觀念被超越的時候，我們就可以獲得超越的大自在、解脫的大喜悅——

自己與他者的對立超越了，就是愛花賞花而不折花，以感恩的心包容他人；就是同一個世界，同一個夢想。

詆毀與讚譽的對立超越了，就是八風吹不動天邊月，是非場中信步行。

成功與失敗的對立超越了，就是窮通不掛念，得失不干懷。成固可

喜，敗亦欣然。

　　煩惱與菩提的對立超越了，就是常在河邊走，就是不濕鞋；百花叢中過，片葉不沾身。

　　生命與死亡的對立超越了，就是來得瀟灑，走得安詳，生如春花燦，死如秋葉美。

　　超越了一切對立，就是「遠離顛倒妄想，究竟涅槃」（《心經》）。

　　「究竟涅槃」的境界，就是妄想、分別、執著等一切對立煙消雲散，生命的晴空雲淡風輕的境界；就是超越了生死煩惱的境界。

色即是空，空即是色

　　「色即是空，空即是色」是現代人最喜歡的口頭禪之一了。這兩句話，出自於禪宗的經典《心經》。

　　《心經》是《般若波羅蜜多心經》的簡稱。「般若」是「智慧」的意思，「波羅蜜多」是「到彼岸」的意思，「般若波羅蜜多」是說禪的智慧像一條大船，能把我們從生死煩惱的此岸，渡到快樂自在的彼岸去。

　　《心經》總共有260個字，是600卷《大般若經》的綱領，它的主要內容是闡述空的原理。

　　《心經》上說：

　　　　色即是空，空即是色。受想行識，亦復如是！

　　「色」指物質的現象；「受想行識」指精神的現象。這幾句經文是說，一切物質的現象和精神的現象，它的本性都是空。

　　在這裡，「空」是指空的性質，而不是任何事物都不存在的「空」的狀態。

　　為什麼一切皆空？因為一切事物都是緣起的，都是由各種因緣和合而生成的，所以它們在本性上是空的，這就叫緣起性空。

　　另一方面，正因為一切事物在本性上是空的，所以當各種因緣和合時，可以生起一切事物。

　　在「色即是空，空即是色」這兩句話中，「空」是指空的性質，而不是任何事物都不存在的「空」的狀態。這是我們需要特別記住的一點。

觀色即是空

一切事物都是緣起，都是各種因緣和合而生成的，所以在本性上是空的。比如人的身體，從「色即是空」的角度看，就是「四大皆空」。所謂「四大」，是指組成人的身體的「地、水、火、風」這四種性質。

地大是指堅硬的性質。人是由骨骼支撐的，骨骼就是堅硬性的地大。水大是指潮濕的性質。人的血液、眼淚、唾液等是潮濕性的水大。火大是指溫暖的性質。人的體溫就是溫暖性的火大。風大是指流動的性質。人的一呼一吸是流動性的風大。

人的身體由「四大」組合而成。因為是組合而成，所以它的性質是空的。也因為是組合而成的，所以必須處在調和的狀態。如果不和諧，就會有麻煩。

比如，火大出了問題，你的體溫不是37度，而是40度，那麼你就要睡到病床上去，打點滴；再比如，風大出了問題，一口氣上不來，你就會往生西天。所以四大必須處在調和的狀態。一個人生病時，就叫做「四大不調」；一個人離開世界的時候，就叫

做「四大離散」。

不光是「四大皆空」，用禪的觀點來看，人世間的一切，都處在無常變化之中：生理現象的無常，有生、老、病、死；精神現象的無常，有生、住、異、滅；物理現象的無常，有成、住、壞、空。

釋迦牟尼這位偉大的教育家，在一生中用了22年的時間來講解600卷《大般若經》，可見這部經典是何等的重要。《心經》就是《大般若經》的提綱。《大般若經》的主旨也就是《心經》的主旨。那麼，這個主旨到底是什麼呢？有一位法師把它總結成12個字：一切法，無所有，畢竟空，不可得！

最能體現觀色成空智慧的名言，是《金剛經》中的一首偈語。

金剛六如

《金剛經》中有一首著名的偈語說：

> 一切有為法，如夢幻泡影。
> 如露亦如電，應作如是觀。

這首偈語，因為連用了如夢、如幻、如泡、如影、如露、如電，在歷史上被稱為「六如偈」。

所謂「有為法」，就是由因緣和合而產生的一切事物。

一切有為法，如夢，夢時雖有，醒來即空；如幻，雖然逼真，可等你回過神來就沒有了；如泡，水泡剛剛生起，馬上就滅了；如影，燈光陽光下的影子，其實是物體的投射，影子的本身虛假不實；如露，早晨的露水，太陽一出來就乾了；如電，空中的閃電，一閃而過。

一切有為法，如夢、幻、泡、影、露、電。這組形象生動的比喻，對中國人有很大的吸引力，成為大家所津津樂道的內容。蘇軾留下了「真成一代風流盡，歎息浮生信六如」的名句；賞風賞月賞秋香的風流才子唐伯虎，也取「金剛六如」的意思，給自己起了個「六如居士」的雅號。

一切有為法，如夢、幻、泡、影、露、電，令人生起繁華如沙的感歎，讓人自然而然地想起了一場禪的行為藝術，它的名字就叫「繁華不過是一捧沙」。

繁華如沙

這是一個令人極度震撼的禪的行為藝術。

2001年2月，兩位禪師，在紐約的一家畫廊，作了一幅畫，來展現禪的藝術。

整個繪畫是由一種用在藏藥上的細沙畫成的。繪畫的過程將近一個月。他們每天要畫好幾個小時，用不同的色彩描繪出禪學和芸芸眾生的世界。

整幅圖畫結構嚴謹，色彩豐富。繪畫用的沙粒，富有層次感，展現了一個圓滿博大的世界。

隨着繪畫程度的深入，圍觀的人越來越多，畫家用彩色沙子繪出來

的畫也越來越精緻。

最後，呈現在人們面前的，是極致的繁華。畫家用極其華麗輝煌的繪畫，震撼着人們的視覺和心靈，令人歎為觀止。

然而，就在人們沉浸在無與倫比的繁華景象中，讚歎不已時，兩個禪師突然做出一個令所有人都意想不到的舉動！只見他們拿出刷子，將精心繪製的作品，毅然決然地抹掉。

頃刻間，灰飛煙滅，塵歸塵，土歸土！剛剛還呈現在人們眼前的到了極至的繁華，頃刻之間，化成了一捧殘沙！

之後，他們將這些沙子倒進了一條溪水中。

那些漫天飛舞的人物形象，那些欣欣向榮的生命，那些宏偉的廟宇，那些千姿百態的繁華，都成了禪師手中緩緩流逝的細沙，隨風而逝，飄進溪水，溶化，消失，一去不返。

兩位僧人以淒美的姿態，將繁華的世界回歸於空，讓我們大徹大悟：

原來，繁華的背後，只是一捧細沙——

任你有傾國傾城的容貌，任你有青春洋溢的年華，任你有如日中天的名氣，任你有炙手可熱的權勢，任你有富可敵國的財產，到頭來，再繁華的景象，只不過是一捧細沙！

那麼，在面對這一捧細沙繪製出來的繁華時，你是不是還像以往那樣癡迷執著？

紅塵滾滾，誰也不願意遠離物質世界的繁華。

但是，我們必須清醒地認識到：在我們短暫的一生中，所創造所經歷的一切繁華，實際上都不過是一捧細沙。

看透了繁華不過是一捧細沙，就可以從容灑脫地放下。

看破時放下

一切有為法，如夢幻泡影，如露亦如電。

繁華不過是一捧細沙。

只有看得破，才能放得下。

《菜根譚》說：

山河大地已屬微塵，而況塵中之塵；

血肉身軀且歸泡影，而況影外之影。

非上上智，無了了心！

　　把人放在無邊無際的空間中來看，山河大地也不過像一粒塵埃，像滄海一粟，更何況塵埃之中的人類，實在是卑微渺小得可憐！

　　把人放在無始無終的時間中來看，人的軀體肉身好像泡沫幻影，像石火電光，更何況泡影之外的功名，實在幻滅得如過眼煙雲！

　　若不是大徹大悟的人，又怎能有看得破、放得下的心？

　　怎樣才能看得破？如果等到繁華變成了一捧細沙的時候，才看得破，就為時已晚。

　　在繁華正濃正艷的時候，看得破，這叫做「當體即空」。

當體即空

　　江南國主李璟，邀請法眼禪師同賞牡丹花，法眼禪師即興賦詩，詩中說：

> 艷冶隨朝露，馨香逐晚風。
> 何須待零落，然後始知空？

　　「艷冶隨朝露，馨香逐晚風」。這是世人看花時的智慧。盛開的美麗的牡丹，在早晨的露水滋潤下明媚動人。但到了晚上，到了晚春，它的

香氣和容華，就會隨風而逝，枯萎凋零。

「何須待零落，然後始知空？」這是法眼禪師看花時的心理。不要等它凋謝零落，才知道枝頭空空。在它正開得艷開得濃的時候，就要清清楚楚地知道，它的本性、它的當下，就是空的。

體會到當體即空，就不會隨着境界轉，不會受到外部環境的誘惑，不會受到表相的蒙蔽。

梵志的放下

釋迦牟尼在世時，有一位梵志，兩手分別拿了一個花瓶，站在釋迦牟尼的前面，想把這兩瓶花獻給釋迦牟尼。

釋迦牟尼說：「放下。」

梵志把左手的花瓶放下。

釋迦牟尼又說：「放下。」

梵志把右手的花瓶放下來。

釋迦牟尼還是對他說：「放下！」

梵志感到奇怪，問：「我已經兩手空空，沒有什麼可以再放下的了，我還放下個什麼？」

釋迦牟尼說：「我叫你放下，並不是叫你放下手裡的東西。我要你放下的是你的六根、六塵和六識。當你把內在的意識、念頭徹底放下時，你就會獲得寧靜而幸福的生活了！」

梵志這時才領會了「放下」的真義。

一個人如果執著於色，執著於對物質的追求，就不能「空」，不能

放下，就會淹沒在物慾的洪流中，缺乏靈性與超脫。所以，必須看得透，參悟「色即是空」，才能放得下，活出智慧和輕鬆。

可見，「色即是空」給予我們的啟示，就是看破、放下。

「看破」，是觀念上的轉變，「放下」，是行為上的實踐。

「看破」是要有足夠的智慧，「放下」是要有足夠的勇氣。

「看破」是真學問，「放下」是真功夫。

可以說，禪的體驗的過程，就是看破、放下的過程。放下，是我們一生一世的功課。這個功課，你老老實實去做，每天看破一點，放下一點，總有一天，你就會發現，在你眼前的，是一個完全嶄新的世界。

《涅槃經》說：「皮膚脫落盡，惟有一真實。」樹的死皮枯葉褪掉了，那個堅朗如鐵的枝幹才會顯現出來。

繁華如沙，當繁華脫落的時候，那個真實、那個本來的面目就會顯現出來，它不是別的，就是我們的本心本性。

「大死一番，再活現成」，「絕後再甦」，「死中得活」。當我們看破、放下，還必須擔當、奉獻，這才是圓融無礙的禪的境界。

觀空即是色

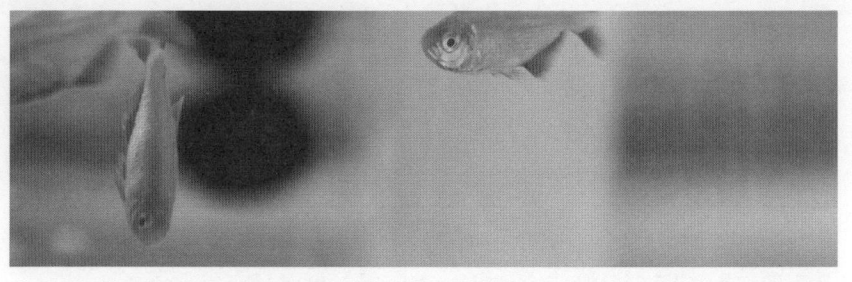

　　世人容易執著於虛幻的外相，容易執著於「色」，貪得無厭，不知道世事無常，容易流於實用主義。為了去除這個毛病，禪學說「色即是空」，讓大家不要執著於外在的色相。如果你執著於外在的色相，縱然耗盡了畢生的心力，到頭來還是竹籃打水一場空。

　　但是，有的人聽了「色即是空」這句話，就認為要想超越痛苦，獲得解脫，就必須遠離這個色，從而對「空」生起了執著。執著於「空」，不知道承擔責任，容易流於虛無主義。當執著於這個「空」的時候，「空」就成了枯木死灰，成了一潭死水，成了頑空、斷滅空。

　　所以，禪學又說「空即是色」，讓那些沉溺在枯木死灰頑空中的人走出來，承擔起責任與義務。

　　宋代的永明延壽禪師，有一首非常著名的禪偈：

修習空花萬行，宴坐水月道場。
降服鏡裡魔軍，大作夢中佛事！

雖然一切的修行活動像空中的花朵虛幻不實，但還要認真去修行；雖然修行辦道的場所像水中的月影虛幻不實，但還要靜靜地禪坐。

人的煩惱魔障本來是空，像鏡中的影子一樣，但還要努力去降服；各種佛事活動本來是空，像夢中的景象一樣，但還要努力去完成。

大家看看，禪師看得多清楚，多透徹，而做事的願望又是多麼的強烈。

前赤壁賦

蘇軾的《前赤壁賦》是一篇富有禪意的文章。在這篇文章中，有一段話值得我們仔細體會：

蘇子曰：「客亦知夫水與月乎？逝者如斯，而未嘗往也；盈虛者如彼，而卒莫消長也。蓋將自其變者而觀之，則天地曾不能以一瞬；自其不變者而觀之，則物與我皆無盡也。而又何羨乎？」

在文章中，蘇軾借江水與明月兩個意象展開自己的觀點。蘇軾說，從一方面看，江水滔滔不息日夜流逝；從另一方面看，江水還是一江的水。從一方面看，月亮陰晴圓缺日日不同；從另一方面看，月亮的本身並沒有任何增減改變。

因此，怎麼樣來看待人生，需要一個多元的角度。

從變化的角度來看，緣起緣滅，生生滅滅，轉眼之間，天地都不復存在，又何況短暫的人生；

從永恆的角度來看，不但江水、明月、大自然是永恆的存在，即使是短暫的人的生命，也是無窮無盡的。

既然人生是無窮無盡的，我們又何必感歎人生短暫世事無常，羨慕大自然的永恆，而使自己陷於無窮無盡的痛苦中呢？

由此可見，僅僅有「色即是空」的認識還遠遠不夠，還必須從這裡面轉身而出，體悟到「空即是色」，方不致於使生命流於枯寂。

古塚不為家

學人問百嚴禪師：「什麼是禪？」

禪師說：「古塚不為家！」（《景德傳燈錄》卷十七）——荒墳古塚裡面，不是我們的家。

在這裡，「古塚」是生命的沉寂，而「家」是生機的洋溢。在禪的裡面，僅僅是枯木死灰般的斷滅空，是沒有生機活趣的。

禪是一種空明而活潑的心境，並不是枯木死灰式的空。「枯木禪」之所以在禪的裡面遭到批評，就是因為這種心境，是能「死」而不能

「活」──「死」去了妄想妄念，卻不能讓智慧的生機「活」出來。

當我們消除了煩惱妄念之後，還必須呈現出真心的作用，否則就掉到一潭死水裡去了。掉進一潭死水裡去，就會窒息生機。所以禪師告誡學人：

莫向白雲深處坐，切忌寒灰煨殺人！（《古尊宿語錄》卷八）

要體證禪的「空」，必須防止成為枯木寒灰的空。如果心如寒灰，縱是你在白雲深處盤起雙腿靜靜地打坐，這寒灰也照樣能把人給「煨」死。

「煨」的本意是把東西埋在熱灰堆裡烤熟。這句話說「寒灰」也能夠煨人，意思是坐禪僅僅達到心如枯木寒灰的階段，是走入了旁門左道。因為真正的「空」，就是詩佛王維詩中所說的那樣：「行到水窮處，坐看雲起時。」真正的「空」，不是「坐在黑山鬼窟裡」，不是「冷水泡石頭」，而是在定雲止水中，有鳶飛魚躍的氣象，充滿生機活趣。這就是「真空不壞妙有」。

「空」的意思是虛幻不實，緣起而無自性，並不否定存在的種種假相。執著於空，就落入了頑空的邪見。如果這樣，就不可能在實際生活中體會到真正的「空」。

因此，在「色即是空」的後面，必須轉過身來，體會「空即是色」的深義。

空即是色，真空妙有，在生活中的運用，就是「大死一番，再活現成」；就是「打得念頭死，救得法身活」，就是「死去活來」！

「大死一番」，「打得念頭死」，「死去」，就是看破放下，就是滅絕了所有的煩惱；

「再活現成」，「救得法身活」，「活來」，就是擔起奉獻，就是重新獲得智慧的生命。

捉虛空

石鞏禪師勘問西堂禪師：「怎樣才能捉住虛空？」

西堂用手在虛空中抓了一抓。

石鞏說：「你這樣做，並不能捉住虛空。」

西堂問：「那麼，究竟要怎樣來捉虛空？」

石鞏猛地用力捏住西堂的鼻子，西堂疼得大叫。

石鞏說：「必須這樣捉虛空才行！」（《五燈會元》卷三）

在上面的公案中，西堂伸手向空中抓了一把，這是把「空」看成了什麼都沒有，這就掉進了一潭死水裡了。禪宗說：「死水不藏龍。」在一潭死水裡，是沒有「龍」的存在的，沒有智慧生命的存在的。這種空，在禪的裡面，也叫做「頑空」，癡頑的空；「斷滅空」，一無所有、滅絕生機的空。這是禪裡面最要反對的、最要避免的空。

為了糾正師弟西堂的誤解，石鞏禪師就在他的鼻子上狠狠地捏了一把，這裡有兩層意思，一是把他的錯誤方向給扭轉過來；二是讓他感覺到疼痛，讓他感覺到雖然「色」就是「空」，但「空」也就是「色」，這個「空」不是什麼都沒有，而是有「色」——有鼻子的存在。

這樣的「空」，在禪的裡面，叫「真空」；這樣的「色」，在禪的裡面，叫「妙有」。這就是禪語「真空不壞妙有」的意思。

認真時擔起

只有看得破，才能放得下。

只有認得真，才能擔得起。

空即是色，「色」是呈現在我們眼前的萬事萬物，它的本質是「空」，但我們並不能因為它的本質是空，就一味地加以放棄。在禪學中，非空之空，空而不空，才是「真空」，是最高層次的「空」。認得真，就是要體會這個真空的精神，擔起責任與義務。

放下不等於放棄。放棄是絕對的，放下是相對的。放下是為了更好地擔起。

如果放棄了一切，就會剩下一具軀殼。這樣的人就成了行屍走肉。

曬軀殼

有位孤獨的青年，靠在一棵樹上曬太陽。他衣衫襤褸，神情萎靡，有氣無力地打着哈欠。

一個禪師從這裡經過，問：「年輕人，天氣這麼好，你不去做事，在這裡哀聲歎氣幹什麼？」

年輕人歎了一口氣說：「在這個世界上，除了我自己的軀殼外，我一無所有。我又何必費勁去做什麼事呢？每天曬曬我的軀殼，就是我所做的全部事情了。」

「你沒成家？」

「沒有。成家太麻煩，不如乾脆不成家。」

「你沒有喜歡的人？」

「沒有。愛過後是恨，聚過後是散，不如乾脆不去愛。」

「你沒有朋友？」

「沒有。與其交往之後還會失去，不如乾脆不去結交。」

「你不想去工作？」

「不想。工作不過是為了賺錢。賺了再多的錢，到頭來還不是兩手空空。既然這樣，何必還要費那個勁？」

禪師給了他一根繩子，說：「既然這樣，你把這根繩子拿去吧。」

年輕人感到很奇怪，說：「我要這根繩子幹什麼？」

禪師說：「快去把自己吊死啊。按照你的說法，人有生就有死，與其到最後免不了一死，還不如現在不要活了。所以我想成全你，讓你把自己趕快吊死啊。」

很多學禪的人，誤以為學了禪，就「看破紅塵」，什麼事都不用去做。這實際上是大錯特錯，大謬不然。

擔當乃丈夫

我有一個朋友，曾經有過一個和諧美滿的家庭。在「文革」中，工

宣隊隊長看中了他妻子的美貌，就找了一個借口，把他打成右派，霸佔了他的妻子。後來那個時代結束了，工宣隊隊長也病故，前妻孤苦無依，他們又重新復合了。經歷了這樣一段慘痛的事件，朋友心上的陰影久久揮之不去。

這個朋友知道我對禪學很有興趣，就給我寫信，訴說心中的苦悶。在信裡，他抄錄了一句禪語：「好事不如無。」我很清楚他抄錄這句話的意圖，就在後面續了一句說：「擔當乃丈夫！」

半年後，他在一個深夜給我打了電話，聲淚俱下。

這句話後來成了他精神的支柱。漸漸地，他的性格又變得開朗起來。

「好事不如無」，是對「色即是空」的體會。而「擔當乃丈夫」，則是對「空即是色」的運用。「好事不如無」就是放下，「擔當乃丈夫」就是擔起。

禪者以「覺悟人生，奉獻人生」為人生理想。所謂「覺悟人生」，就是「色即是空」，就是放下。所謂「奉獻人生」，就是「空即是色」，就是擔起。

擔起，就是慈悲。慈悲，就是與樂撥苦。與樂，給予別人快樂。撥苦，解除別人的痛苦。

真正而徹底的慈悲，叫大慈大悲。大慈，就是無緣大慈。大悲，就是同體大悲。

無緣大慈的意思是說，雖然我們之間沒有緣，沒有任何關係，但我也發大慈心來幫助你。這時候，我給予你的快樂是沒有任何前提條件的。我們沒有具體的師生關係、親戚關係、朋友關係，但是我無條件地給予你

快樂，這樣的行為是純粹的；

　　同體大悲的意思是說，雖然我們是不同的生命體，但是我把別人與自己看成一體，把別人的痛苦看成是自己的痛苦，而生起大悲心來幫助你。在《維摩詰經》裡，別人問維摩詰居士，既然你已經是解脫了的大菩薩，為什麼還會生病？維摩詰說，菩薩本來沒有病，但是菩薩把眾生看作是自己的兒子，兒子病了，作父母的當然也就病了。菩薩什麼時候才沒有病？等一切眾生的病解除了，菩薩的心病自然而然就會好。這就叫：「欲令居士身無病，直待眾生苦盡時。」（唐劉言史《弼公院問病》）

　　有一句經典禪語說：「娑婆往來八千度。」娑婆，意譯為堪忍，指我們眾生所生活的這個紅塵世界。雖然有五慾八風種種煎熬人心的東西，但我們樂在其中，不思出離，能夠忍受，所以叫「堪忍世界」。菩薩會充滿愛心地、無限制地到這個娑婆世界中來，來幹什麼？來度化眾生。因為「地獄不空，誓不成佛；眾生度盡，方證菩提」。

　　那麼，眾生是不是能夠度盡的呢？眾生度不盡。眾生度不盡，是不是就索性放棄了？絕對不是，這就叫「喚他癡聖人，擔雪共填井」（《明覺禪師語錄》）。眾生的慾望如井，你擔再多的雪能填得上嗎？填不上。但是，這「聖人」是多麼的傻，多麼的癡，明明知道無法填滿，仍然樂呵呵地、無怨無悔地去做。這個禪宗聖人的境界，也正是《論語》中所說的孔聖人的境界：「知其不可為而為之。」這樣的精神，就是「不為自己求安樂，但願眾生得離苦」（《華嚴經》卷二十三）的菩薩境界！

　　有一首從《華嚴經》引申出來的偈子說：

　　　　菩薩清涼月，遊於畢竟空。

為償多劫願，浩蕩赴前程！

　　菩薩的智慧，如清涼的月色，純潔而圓滿，他證得了「色即是空」的禪意，置身任何境界，都能領略到「空」的最為高深的意趣。但是，菩薩並沒有遠離人世，到西方極樂世界去享受，而是為了報償生生世世的願望，無怨無悔、充滿愛心地奔走在人間。這個生生世世的願望，就是普度眾生，使一切眾生遠離煩惱，活出一個智慧的生命，覺悟的生命。

　　菩薩是什麼人？菩薩就是覺悟者，是一個充滿了愛心的覺悟者。我們每個人覺悟了，有了愛心，也就是這樣的菩薩。

　　參透「色即是空，空即是色」，就可深入禪的三昧：

　　「色」是由各種因緣和合而生起的，它的本性是「空」；

　　正因為「色」的本性是「空」，才能由因緣和合而生起各種事物。

　　世界上沒有絕對的色，也沒有絕對的空。所以對兩者不可偏執。

　　執著於「色」，會流於享樂主義；執著於「空」，會流於虛無主義。

　　為了破除對事物的執著之心，所以要參悟「色即是空」；為了破除對事物的虛無之念，所以要參悟「空即是色」。

　　參透了「色即是空」，就要勇於「放下」；參透了「空即是色」，就要勇於「擔起」。

　　放下的是執著，擔起的是責任。

　　「色即是空」就是覺悟的人生，「空即是色」就是奉獻的人生。

無住生心

中國歷史上最偉大的禪師，是六祖慧能。他在說禪時的言行，被弟子們記載下來，稱為《壇經》。《壇經》是中國禪師語錄中，惟一一部被稱為「經」的著作，由此可見這部著作的地位是多麼高。

六祖慧能出身貧寒，年輕時，靠賣柴來養家餬口。一天，他在集市上賣柴，聽到一個客人在唸誦經文，他聽到了一句經文說：

應無所住而生其心。

慧能聽了，覺得這句話很有意思，很着迷，就問客人唸的是什麼經，從哪得來的。客人說這是《金剛經》，是在黃梅縣東邊的東山禪寺得來的。弘忍大師正在那裡講授禪學。慧能聽了後，當即就下了決心，安頓好母親，前往黃梅參禪。

慧能到了黃梅後，在弘忍大師門下學習，一天晚上，聽了弘忍大師講授《金剛經》，講到了「應無所住而生其心」這句話時，慧能豁然大悟，繼承了弘忍的衣鉢，成為禪門六祖。由此可見慧能和《金剛經》的關係是何等深厚。

「應無所住而生其心」是《金剛經》中最有名的句子。這句話中包含着「無所住」與「生其心」的微妙關係。「無所住」，指對任何事物都不貪戀執著，情感不膠着於事物，這樣才能遊心無礙，灑脫自由。

但「無所住」並不是對外物毫無感知、反應，如果那樣，就成了枯木死灰式的頑空了。所以，在無所住的同時，還必須「生其心」，讓像明鏡止水一樣的心照着萬事萬物。事情來了，以自然的態度來感應；事情過去了，心境就恢復到原來的寧靜。

在紅塵擾擾的現代生活中，無住而生心，是一個非常難得的心境。

領悟了「應無所住而生其心」這句話的精髓，也就掌握了整個禪學的要義。

禪心無所住

　　禪門經典《楞嚴經》卷十說，覺悟的人觀看外部事物時，「如鏡鑒明，來無所粘，過無蹤跡」。──覺悟的人觀看山河大地、人生宇宙時，像明亮的鏡子一樣映照着外部的事物。事情發生的時候，自然而然地感應；事情結束後，就不再有任何執著。這就是無住的禪心。

　　在紅塵世界裡，我們要面對金錢、美色、權力、地位等各種誘惑。面對這些形形色色的誘惑，能夠超然其上，就是「無住」。很多人一輩子忙忙碌碌，看到色，就「住」在色的上面；看到名，就「住」在名的上面；看到錢，就「住」在錢的上面，結果使自己疲憊不堪，心力憔悴。

　　這些外在的誘惑，就像灰塵一樣，能夠污染人的本心本性。所以，我們要想在紅塵中「無所住」，就要看管好自己的六個徒弟。

看管好六個徒弟

有一群學禪的人問禪師：「我們的妄想雜念一直很多，怎麼辦？」

禪師回答：「你們要隨時隨地管好自己的六個徒弟。」

眾人面面相覷：「我們又不像師父，哪裡有什麼徒弟！」

其中有一個人恍有所悟地説：「師父您説的莫非是眼、耳、鼻、舌、身、意這六個徒弟？」

禪師笑着説：「不錯。人的心中，如果妄念太多，就好像一塊白布受了染污，要想把它洗乾淨，很不容易啊！這塊白布之所以髒了，是因為被外面的灰塵污染了。而它之所以被外面的灰塵污染，是因為這六個徒弟不爭氣，總是貪戀紅塵的緣故啊。」

禪師所説的六個徒弟，就是眼、耳、鼻、舌、身、意。它們合起來叫做「六根」。「根」是能夠生長的意思。草木有了根，能夠生長枝幹；人有了這六根，就會生起相應的六種認識，即眼識、耳識、鼻識、舌識、身識、意識。

六根要生起六種認識，就要面對六種事物，以六種事物作為媒介。眼見色，耳聽聲，鼻嗅香，舌對味，身對觸（觸就是身體所接觸的事物），意對法（法就是意念所想像的事物）。這六種事物，就是色、聲、香、味、觸、法六境。

一塵不染

「色、聲、香、味、觸、法」這六種事物，在禪學中，也叫做「六

塵」。

為什麼要叫六塵呢？這是因為，這六種事物，像塵埃一樣，能污染人的本心本性。

色、聲、香、味、觸、法這六種灰塵能污染人心，老子也早已認識到它們的危害性，對人們提出了警告：

> 五色令人目盲；五音令人耳聾；五味令人口爽；馳騁畋獵令人心發狂；難得之貨令人行妨。（《道德經》第十二章）

繽紛的色彩使人眼花繚亂；嘈雜的聲音使人聽覺失靈；濃厚的味道使人味覺受損；縱情打獵使人心思放蕩發狂；稀有的物品使人行為不軌。所以，「聖人」不會耽樂於感官的享受。

由於色、聲、香、味、觸、法「六塵」能夠偷竊我們內心的美好的東西，像賊一樣，所以在禪學中也把它們叫做「外六賊」。

有句成語叫「色不迷人人自迷」，只要我們心志堅定，就不會受到六塵的污染，它們就沒機會溜進我們的心裡來。它們之所以能誘惑我們，是因為有「內六賊」和它們裡應外合。這內六賊，就是眼、耳、鼻、舌、身、意，它們也叫做「家賊」。《菜根譚》說：

> 耳目見聞為外賊，情慾意識為內賊，只是主人公惺惺不昧，獨坐中堂，賊便化為家人矣。

每個人的耳朵都喜歡聽美音，眼睛都喜歡看美色，這些屬於外來的

侵害；每個人都有容易衝動的情感，都有無法滿足的慾望，這些心理上的邪念，才是更加可怕的內在的敵人。「酒不醉人人自醉，色不迷人人自迷」，說的就是這個道理。

不管是內賊也好外賊也罷，只要身為主人翁的自己，保持清醒的頭腦，那麼，所有心裡的敵人、外來的侵害，都會變成你修養品德的助手。參禪悟道，就是要把外六賊和內六賊（「六個徒弟」）都看管好，這就是宋代性空妙普禪師所說的：

學道猶如守禁城，晝防六賊夜惺惺。

中軍主將能行令，不動干戈治太平！（《五燈會元》卷十八）

參禪的人，如同衛兵在守護城池，不分晝夜地站崗放哨，時時刻刻加以警惕，隨時防範外敵的偷襲。眼見色不迷，耳聽聲不惑，鼻聞香不亂，就可以看管住「六賊」。心就是防衛這座城池的主將，「行令」就是頒布命令，告誡自己，遠離一切妄念執著。這時，就可以「不動干戈」，不再有苦樂是非這些相對的觀念在內心裡打打殺殺，「心國」也就太平無事了。

「無住」，可以從兩個方面來理解。從反面來講，一個念頭如果「住」了，無數的念頭也就「住」了，這就形成了束縛；從正面來講，一個念頭不「住」，所有的念頭也不會「住」，這就是無拘無束的解脫的心境。

我們的心，平常喜歡「住」在色、聲、香、味、觸、法六種灰塵上面，整天到晚攀緣外境，不是喜歡各種美色，就是執著於各種聲音、味

道。而「無住」，就是不讓心住在六塵的上面。不住在六塵上，才有心靈的灑脫與自由。

無住而生心

　　禪心應當「無住」，但是如果片面地強調「無住」，又容易成為「枯木禪」，掉到枯木死灰般的頑空、斷滅空的一潭死水裡面，從而喪失生機活趣，走上消極遁世的道路。

　　因此，在「無所住」的同時，還必須「生其心」，面對外部事物時，產生明鏡止水般的感應。

　　將「無住」和「生心」兩者綜合起來，就是「無住而生心」，這樣就既不會執著於外部事物，在滾滾紅塵中迷失了自己；同時又對外部事物有明鏡止水般的觀照，充滿生機活趣。

轉處實能幽

流水不腐，戶樞不蠹。我們的心念，像長江大河一樣，時時刻刻都在流動。美國心理學家威廉‧詹姆斯曾經提出了「意識流」的說法。他在1884年發表的論文中，認為人類的思維活動是一股切不開、斬不斷的「流水」，心念的本性是不停流動着的。

確實，我們的心沒有固定的姿態和形狀，它存在於感受的過程中。在感受的時候，也就是心在流轉的時候。有一首著名的禪詩說：

心隨萬境轉，轉處實能幽。
隨流認得性，無喜亦無憂。（《古尊宿語錄》卷四）

心的流動，就像水的流動一樣。水如果停止流動，就成了腐臭的水；心如果停止流動，就成為枯木死灰。為了保持心的清新，就必須流動。所謂流動，就是讓心來感受外境，這就是「心隨萬境轉」。

但是，這顆心在流動的時候，仍然要保持它的「幽」。「幽」就是要在「無心」中感應週遭的各種事物，但只是感覺而已，並沒有注入任何東西，這就是「轉處實能幽」。

歡喜的時候歡喜，悲傷的時候悲傷。心在「隨流」——隨着萬境流動的時候，仍然保持它的清純，並沒有喪失它的本性，這就是「隨流認得性」。

心在反映世間萬事萬物時，超越了憂喜、貧富、得失等一切對立的觀念，這就是「無喜亦無憂」。

這樣的心，既生機勃勃，活潑地反映外界的事物；又從容淡定，超越了世俗的束縛。

將這種心態應用到生活，就可以一方面生活在現象的世界，一方面又不為現象界所迷惑。一方面，「吃飯時只是吃飯，睡覺時只是睡覺」，入乎其中；一方面，「終日吃飯，不沾一粒米；終日穿衣，不掛一縷絲」，出乎其外。

「無所住」是「生其心」的基礎，「生其心」的同時必須「無所住」，只有這樣，灑脫自在的境界才會出現。

在日常生活中，我們「心隨萬境轉」，隨着紅塵境界，心念不斷地轉動。

面對着金錢、權力、美色，置身其中，保持定力，不為所動，這就是「轉處實能幽」的境界。

金錢、地位、名譽都可以追求和擁有，擁有得越多，越可以為社會服務，這就是「隨流認得性」。但如果不能把握其中的分寸，不是用這些來造福他人，而只是用它們來滿足個人的私慾，這就是隨波逐浪，將自己的本心本性迷失在世俗的慾望河流中了。

所以，當我們做事情時，把握好恰當的尺度，成敗不去管，得失不干懷，只要盡心盡意地去做，就是「心無掛礙」的境界，就是「無喜亦無憂」。

表示無住生心的最為經典的禪語，是雁過長空，影沉寒水的比喻。

風來疏竹，雁度寒潭

雁過長空，影沉寒水的比喻出自義懷禪師，他的一段名言在禪林曾引起很大的轟動：

譬如雁過長空，影沉寒水。雁無遺蹤之意，水無留影之心。（《林間錄》）

「寒水」是皎潔的池塘，比喻我們的心靈。「雁」比喻外在的事物。

大雁飛過來時，池塘清清楚楚地反映着大雁的影子。大雁飛過後，池塘回復到原先的清靜。

事情發生時，我們的心生起自然而然的感應；事情過去後，我們的心回復到原先的寧靜。

這就是「無住而生心」的精髓。

明代洪應明《菜根譚》化用了這段話的意思，寫了一段流傳千古的名言：

風來疏竹，風過而竹不留聲；雁度寒潭，雁過而潭不留影。故君子事來而心始現，事去而心隨空。

風吹過竹林，竹葉沙沙作響；風過去後，竹林回復到原先的平靜，不會留下任何聲音。大雁飛到澄潭上空時，潭水映現大雁的影子；大雁飛

過去之後，潭水就回復到原來的空明，不會留下任何影子。

　　「風」、「雁」，就是外在的事物，竹林、潭水，就是我們的心。

　　當有事情發生時，心會自然而然地反應，該哭時就哭，該笑時就笑，該悲時就悲，該喜時就喜。

　　當事情過去後，心靈就會回復到原來的寧靜狀態，不會把顫慄留在心頭。就像竹林，風過去後回復了寧靜；就像潭水，雁飛過去後，仍然是原來的清澈無痕。

　　對天地萬物，既要有自然而然的感應，又要保持空明與寧靜。既充實又空明，才是人生的悟境。

　　印光大師說：「終日俗務糾纏，終日逍遙物外。」這兩句話，令人回味無窮。

　　以下，從劍道訓練和面對女色兩個方面，我們來具體看一看「無住生心」在生活中的運用。

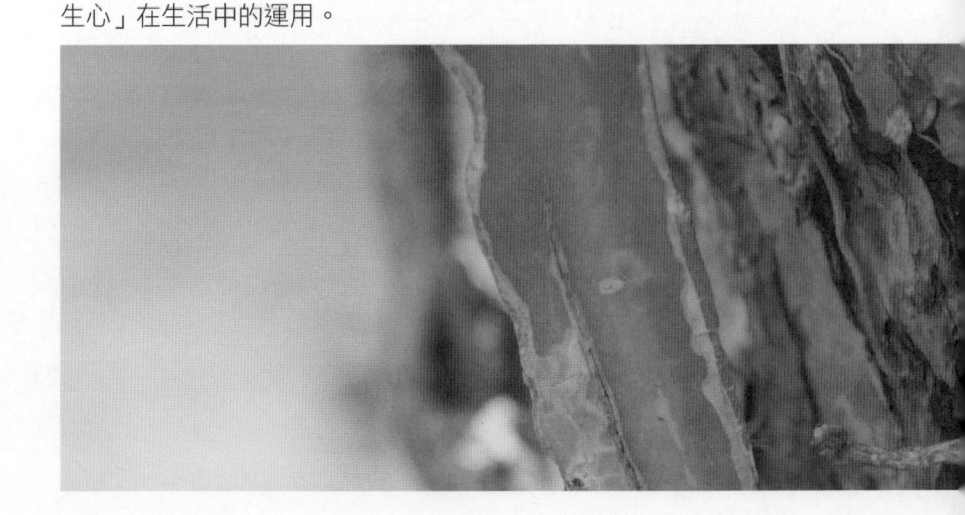

身劍兩相忘

　　無住生心，可以將心的潛能發揮到極致。運用到箭道、劍道上，會成為武林高手發揮潛力、克敵制勝的利器。

學箭悟禪

　　禪師在指導學生時，經常借射箭來說禪。如巖頭禪師上堂時用「如人學射，久久方中」來指導學生，聲名大震，被公認為是深得禪的精髓。

　　有一次，南泉禪師問神山禪師：「你在幹什麼？」

　　神山禪師說：「打鑼。」

　　南泉禪師問：「你是用手打呢，還是用腳打？」

　　神山禪師不解地說：「這我就不明白了，請您說說看到底是用手打還是用腳打？」

　　南泉告訴他：「你好好記着這件事，日後有機會問問明眼人。」

　　後來有一位禪師聽到這段對答，說：「沒有手和腳的人，才能真正地打鑼！」（《景德傳燈錄》卷十五）

　　沒有手和腳的人，怎麼反而是能「真正」地打鑼的人呢？

　　禪師的意思是，在正常情況下，你意識到你是在用手或是身體的其他部位做事，就會分心，從而使你的反應受到影響，不能全身心地投入到那個動作中去，不能發揮出最好的水準。

而在沒有了「腳」和「手」的時候，在忘卻了腳和手的狀態中，你就不會再想着用手去打還是用腳去打，你不再是自己行為動作的觀察者。這時，除了目標和實現目標的動作之外，並沒有任何東西。這時，你就可以全身心地投入其中，就可以發揮出最大的潛能。

這就是日常生活中的「無住生心」。

西方人歐根‧赫里格爾為了學習箭術，特地到日本追隨禪師坐禪，後來他寫了一本書，叫《學箭悟禪錄》。在這本書中，他生動地描繪了箭術中的無住生心的狀態。

書中説，他花了多年時間追隨禪師進行訓練，終於學會了「用一種不費勁的力量」，「從精神上」拉開弓，「沒有目的」地放開弦，讓箭「像熟透了的果子一樣從箭手的手上出去」。

當他達到完美的程度時，弓、箭、靶和箭手都彼此融合在一起。這時候，他感到不是自己在射箭，而是它們本身為自己做到這一點。

在這個時候，既要「應無所住」，忘掉主體的我和客體的箭、靶，又要「生其心」，用「無心」的心，讓箭「像熟透了的果子一樣」從自己的手上出去。

在劍術中，也是同樣的道理。

置心於無處

在劍術中，劍道高手的心不能停留在任何地方。一旦有所停留，就會形成障礙，從而影響到勝利。

日本的澤庵禪師認為，兵法修煉中首要的訓練，就是要去掉執著

之心。

　　澤庵禪師在訓練武士柳生宗矩時，問他：「你持劍和敵人對陣時，將心置於何處？」

　　「將心置於敵人的動靜間。」

　　澤庵和尚説：「這樣不行！」——如果你一直觀察着對手的動靜，心裡難免產生緊張感，在不知不覺中影響了自己應變的能力；

　　「那麼，就將心貫注於刀尖，和敵人對陣時，當敵人刀梢一晃動，我就可以馬上掌握其弱點，進而攻之。」

　　「這樣不行！」——如果你把心集中在刀尖上，就難以在第一時間做出有效反擊。

　　柳生宗矩又説：「將精神集中在敵人的意念上，洞察他的意圖，不使對方有機可乘傷害到自己。」

　　澤庵和尚仍是搖頭説：「這樣不行！」——如果不斷思考應當從敵人哪個破綻處刺入時，同樣也會使自己的反應速度變慢。

　　柳生宗矩不服氣地説：「將心放在臍下丹田，用全副精神和敵人相對。」

　　澤庵長歎了一口氣：「你無法成為劍道高手。」——雖然將心放在臍下丹田，但還有一個將心放置在某一個具體位置的意念。有了這種意念，仍然會形成一種束縛。

　　柳生宗矩喪氣地問：「那麼，究竟要將心放置何處？」

　　澤庵和尚説：「心不能放置在任何地方！」

　　此言一出，柳生宗矩頓時感悟到了劍道的真諦！

　　柳生宗矩領悟到的，就是無住生心的禪髓。

　　後來，澤庵禪師送給柳生宗矩一本《不動智神妙錄》，詳細地論述了在兵法修行中如何去掉執著心。柳生宗矩刻苦鑽研，把它運用到劍道的修煉中，最後，他成了日本歷史上名氣最大的劍道高手。

　　由此可見，劍道的極致在於「無住」，正因為「無住」，才可以「生心」，才可以「心手合一」、「身劍合一」，乃至於達到「人劍兩忘」的境界。

片葉不沾身

　　在劍道中，運用「無住生心」，可以將潛力發揮到極致。在滾滾紅塵之中，面對攝魂奪魄的女色時，運用「無住生心」，也同樣可以得到大自在。縱然是在百花叢中穿行而過，身上也不會沾上一片葉子。這就叫「百花叢中過，片葉不沾身」。

　　現在流行的口頭語「天女散花」，本來是一則禪的故事。它的精髓，就是無住生心。

天女散花

　　黃梅戲裡有一支《天女散花》曲子，中國人都很喜歡。《天女散花》的歌詞很優美，大意是天女要把開放在天庭的美麗鮮花，帶下凡間，散給「有情人」，以表達自己的愛慕之心。

　　但天女散花最早的意思並不是把花散給有情人，而是要把花散給

「無情人」！

這「無情人」，就是超越了世俗情感的修行人。在禪的原典中，天女散花的目的，不是為了傳達愛情，而是要試驗對方的心，試探對方的修行境界到底到了哪個層次。

天女散花的典故，出自《維摩詰經》。維摩詰智慧無雙，擅長辯論。他在毗耶離城示疾——託病，他的意圖是要借這個機會，和釋迦牟尼派來探病的大弟子們來進行辯論，一起探討禪法。

維摩詰大士託病的事，果然引起了釋迦牟尼的重視。他派弟子們前去探視，以智慧著稱的文殊師利菩薩，奉命前往，其他的菩薩們也帶着各自的弟子同行。

維摩詰與文殊師利探討禪法，口若懸河，滔滔不絕，眾人聽了，如癡如醉。

當時，在維摩詰的丈室中，有一位天女，看見了這個情景，心生歡喜，就用天花紛紛灑向聽法者的身上。

美麗的花雨從天而降。當花瓣飄到大菩薩們的身上，自然而然地就滑落到地上。但是，當這些繽紛的花瓣，飄到了弟子們的身上時，便粘着在那裡。

這些弟子們看到這個樣子，都運用起神通功夫，想讓花瓣從身上落下。可是說來奇怪，不論他們怎麼用力氣，花瓣仍然牢牢粘在身上，怎麼也擺脫不了。

天女就問其中的一位叫舍利弗的弟子：「你為什麼要將花從身上抖掉呢？」

舍利弗回答說：「這些花粘在身上，和戒律不符，所以要把它抖掉

啊。」

　　天女嫣然一笑：「你之所以認為它不符合戒律，是因為你心裡生起了分別的念頭。你看看這些大菩薩們，他們沒有什麼分別的觀念，所以花瓣就不會粘在他們的衣服上。你的心裡生起了分別的念頭，什麼乾淨和不乾淨啊，符合戒律不符合戒律啊，這些分別念頭的本身，就是粘着。有了粘着的念頭，你又怎麼能去掉粘着的花呢？」

　　由此可見，當心有所住，「住」在了對乾淨與不乾淨的分別之上，這時候的心，就是分別心、煩惱心了。

　　只有「無住」的心，才是禪的心，灑脫的心，自在的心。

　　有了這顆無住的心，一旦有事情發生時，就可以從容自在地應對。

抱女過河

　　坦山是日本明治時代有名的禪師，他平日諄諄告誡弟子，學禪的人，要遵守戒律，不近女色，弟子們把這些話奉為金科玉律。

　　有一次，坦山禪師帶着一位年輕的徒弟行腳。

　　雨後水漲，地面上匯成了一條小溪。一位年輕的姑娘站在小溪的一邊，不知如何才能走過去而不會弄濕了裙子。她在那裡左顧右盼，猶猶豫豫。

　　坦山禪師見狀，就伸開雙手，大大方方地說：「來吧，姑娘。」說着，就把姑娘端直抱到對岸。姑娘回眸一笑，道謝而去。

　　坦山禪師就像什麼都沒發生一樣，繼續趕路。但姑娘的回眸一笑，讓年輕的弟子心猿意馬，心跳加劇。

走了幾十里地，年輕的徒弟終於憋不住了：

「師父，您老人家平常不是教導我們，出家人不應當接近女色嗎？今天，我們遇見的是一個絕色美女，您為什麼要把那姑娘抱起來呢？」

坦山禪師哈哈大笑：「哦，你是說那個姑娘啊？我早已把她放下了，你還一直把她抱在心裡啊！」

抱女過河是幫助人度過難關，心無雜念，這是大慈大悲的表現。眼中有色，心中無色；而這個弟子，卻認為禪師在趁機接近女色，認為不該如此，走了幾十里地還在想這件事，眼中無色，心中有色。師徒兩人的境界，真是天壤之別。

在這件事情中，師父的境界是無住生心，生的是智慧心、慈悲心；弟子的境界是有住生心，生的是分別心、煩惱心。

無住生心，就是該抱的時候要抱起來，不要猶猶豫豫；該放下的時候要放下，不要拖泥帶水。抱起時心無雜念，放下時無牽無掛。這就叫：

該抱不抱，慈悲失掉。

該放不放，頭腦混賬！

「應無所住而生其心」。抱女過河是如此，抱持任何事物，又何嘗不是如此？

無住生心，既入乎其中，又出乎其外，就可以渡越煩惱的河流，到達自在的彼岸。

「無住生心」是《金剛經》的精髓，也是禪的精髓。

「無住」就是為人處世時，超然於外物，不被對象所迷惑，出乎其外；

「生心」就是為人處世時，瞭然於外物，自然而然地感應，入乎其內。

無住而生心，就有了生機活趣；生心而無住，就有了從容寧靜。

無住生心是一柄吹毛立斷的利劍。善於運用，就可以左右逢源，無往而不勝。

把握最珍貴的東西

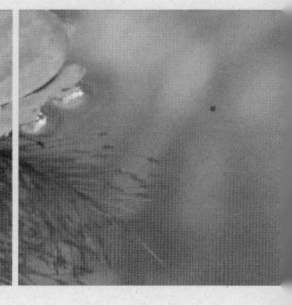

　　有一個人在荒野中被老虎追趕，他拚命地逃跑，一不小心掉下了懸崖。手忙腳亂的時候，他抓住了一根籐條，身體懸掛在空中。他抬頭向上看，老虎在上邊盯着他。他往下面看，萬丈深淵在等着他。他往中間看，發現籐條邊上有一個熟透了的草莓。

　　他騰出一隻手來，摘下了草莓，放到了嘴裡，不禁發出了讚歎：「好甜！」（《譬喻經》）

　　這個人所具有的這種心態，就是活在當下。

　　「當下」，包括當下的情景，當下的時間，當下的行為，當下的感受。活在當下，就是充分地體驗「當下」的一切。

莫錯過今朝

　　人生可以把握的，不是過去，不是未來，只是這個「當下」。因為過去的已經過去，時光不會倒流；未來的還沒有到來，時光不可預支。我們可以把握的，惟有當下。活在當下，就是要珍惜今天。

雙面神

　　古羅馬有一位雙面神，傳說他長着一個頭，和一前一後兩張臉。

　　有一次，一位哲學家來到了雙面神石像前，說：「請問尊神，您為什麼長着兩副面孔？」

　　雙面神笑話哲學家說：「虧你還是哲學家呢！難道你不知道，我長着兩個臉，一個看過去，一個看未來。看過去，可以汲取歷史的教訓；看未來，是為了給人類帶來美好的希望和夢想。」

　　哲學家說：「可是，您為什麼不注視最有意義的東西呢？」

雙面神問：「最有意義的東西？它是什麼呢？」

哲學家告訴他：「這個最有意義的東西，就叫做『現在』！」

這下子，輪到雙面神默然無語了。

哲人說：「過去是現在的消失，明天是今天的延伸。你不看現在，對過去和未來看得再清楚，又有什麼意義呢？」

雙面神沉默不語，撲通一聲栽倒在地上。

在生活中，有些人總是生活在過去，有些人總是生活在未來，卻偏偏忽略了現在。

不沉溺在過去的幻想裡，也不沉溺在未來的幻想裡，踏踏實實地走好人生的每一步，活在當下，這就是禪的態度。

活在當下，就是要把握現實的境況，照顧好我們的腳下。

看腳下

法演禪師和三位弟子在涼亭中聊天，回禪房休息的時候，燈籠已經滅了。

法演禪師問弟子：「在這個時候，你們的感受是怎樣的？」

其中兩位弟子的回答，雲中霧裡摸不着邊。另一個弟子圓悟克勤禪師說：

「看腳下！」

法演禪師聽了，大為讚賞：「今後，能夠大大振興我的門風的，就是你了！」（《宗門武庫》）

燈籠熄滅的時候，漆黑一片，後面的來路，和前面的去路，都看不

清楚，我們要做的是什麼呢？

當然是：看腳下，看現在！

許多人都迷信來生與前世。我們對今生的不幸，用前世做借口，説那是前世欠下的；我們對今生的不滿，用來生做期盼，説美好的願望可以等到了來生去實現。

問題是，當我們夢想着前世與來生的時候，就會錯失當下的風景。所以要牢牢記住禪的要義：看腳下！

看腳下，就是吃飯時好好吃飯，睡覺時好好睡覺，工作時好好工作，娛樂時好好娛樂。

懈怠比丘，不期明日

在日本京都有一個茶社，名叫「今日庵」。它的得名，有一段耐人尋味的故事。

日本茶聖千利休的孫子千宗旦，建了一間茶室，選了一個好日子，邀請他一向尊敬的老師清巖和尚來給這間茶室起個名字。

到了約好的這一天，千宗旦突然有急事要出門。他給老師留了一張紙條，上面説：

「實在抱歉，我有急事，要立即外出，請明日再見。」

留下紙條後，他就急匆匆地出去了。

清巖禪師準時赴約，卻白跑了一趟，也留下了一封信，信上只有八個字：

「懈怠比丘，不期明日。」——意思是，我是個懶散的和尚，今天

的事，等不到明天，明天不可能再來了。

宗旦回來後，看到老師的信，馬上趕到大德寺向清巖禪師謝罪，並且寫下一幅字以表示悔過：

「唸唸今日過今日，明日是明日。」

他在老師的留言中，受到了很大的啟發，就把他的茶室取名為「今日庵」。

所謂「今日庵」，就是提醒我們，我們所擁有的只是今天。雖然今天轉眼就會消逝，但我們卻可以及時地把握它。

禪門有一首警世偈說：「是日已過，命亦隨減，如少水魚，斯有何樂！……但念無常，慎勿放逸！」——生命是無常的，不要以為死亡是幾十年以後的事情，死亡就在當下，所以在禪的修行中，主張「視當下為臨終」，要用臨終的心態來過每一天。

伊庵權禪師，是一個刻苦修行、嚴於律己的高僧。他惜時如金，與大家相處時，從不和人說閒話。每到傍晚時分，必然痛哭流涕，淚流滿面。新來的弟子不瞭解情況，就問他為什麼哭泣，他說：「今天我又混混沌沌、碌碌無為地過了，不知道明天能不能有所長進，有所作為啊。」

人生短暫，世事無常，誰都不知道明天會遇到什麼樣的事情。我們生活在今天，就要充分地珍惜今天的每一時刻。

過程應惜取

　　人生是一個過程，不僅僅是一個結果。如果我們過於看重結果，就會忽略了過程中的快樂。

　　我們通常習慣於盯着某一個目標，在實現這個目標時，整個過程就被忽略了，人生就總是顯得忙忙碌碌，疲於奔命，路上的景色再美，也無心瞧上一眼，日子便在索然寡味中一天天逝去。

　　這樣的一生就好像在趕路，每一站都是匆匆忙忙：

　　年輕的時候，拼了命想考上好一點的學校；

　　然後，巴不得趕快畢業找一份好工作；

　　然後，迫不及待地結婚成家，生兒育女；

　　然後，又整天盼望小孩快點長大，好騰出精神做事；

　　然後，小孩長大了，又恨不得趕快退休。

　　就這樣熬啊熬，到頭來，真的退休了，才發現自己年紀已經老了，想歇下來好好喘口氣，享受人生，卻偏偏快要死了！

其實，生活的很多樂趣就存在於過程中。用禪的眼光來看，旅途上的每一段經歷，都是目的地本身，這就叫「在途中不離家舍」（《古尊宿語錄》卷四）。

「途中」是為了實現某一個目標而做的工作；「家舍」就是我們的目的地。

我們習慣於相對的認識方法，我們所做的一切，都是為了一個遙遠的目標，工作只是手段，只是過程，於是，我們就忙忙碌碌地度過了一生，卻不能醒悟到這樣一個道理：如果你不把工作當成目的的本身，工作就會索然寡味。

相反，如果把工作的本身看作是目的，把「途中」看做是「家舍」，就可以消除外在的目的性，就能充分體驗到工作本身的樂趣。

「途中」即是「家舍」，就好似蝸牛揹着它的殼（家舍）走路一樣，在途中的每一步都不離開家舍。

我們為了實現某一目標而從事工作的時候，如果能夠把追求成功、效益的念頭拋開，反而會有真正的成功。這樣，我們就可以像杜甫筆下的那位畫家一樣，「十日畫一水，五日畫一石」（杜甫《戲題畫山水圖歌》），每個人都可以成為生活的藝術家，而不再受任何外在目的的「催促」。

美國的《財富》雜誌有一句意味深長的話:「如果你的工作和你的期望是同一個東西,那麼你就是真正幸運的人。」這句話的意思是,當你的工作的本身就是你生活的目的,你的途中就是你的家舍的時候,你就是世界上最幸運的人。

生命就在於過程的本身,智慧的人,善於在過程的裡面發現樂趣。

晉代有位名士,叫王徽之,他是王羲之的第三個兒子。他雪夜訪戴的故事,被當作「魏晉風度」的範本,傳為千古佳話。其中的奧妙,就在於他把過程的本身當做了結果。他在雪夜訪友這件事情的過程裡面,發現了真正的快樂。

剡溪雪·無弦琴

據《世說新語》記載,東晉名士王徽之住在山陰,一天晚上,大雪飄飄,放眼看去,天地一片潔白。王徽之忽然間想起了好朋友戴逵,興致大起,就命人開船,前去探望。

王徽之住的地方是山陰,在今天的浙江紹興;戴逵住的地方是剡溪,在今天的浙江嵊縣。這兩個地方的距離是二百里水路,並且是逆水行舟。二百里的水路一個晚上趕到,必須有很強的西北風在助力。

冰天雪地,加上一宿的強勁的西北風,我們可以想像王徽之的興致是多麼的高漲!

更令人拍案叫絕的是，到了第二天早上，好不容易來到友人的門前，王徽之又做出了一個令所有人都大吃一驚的舉動。他吩咐隨從：不必上岸去看老朋友了，要船伕把船開回去。

大家都感到非常奇怪，問他為什麼要這樣做？王徽之說：「我本乘興而來，興盡而返，何必見戴？」——我昨天晚上決定要到這個地方來，就是乘着一時的興致。現在，我欣賞了一晚上的雪景，本身已經十分愉快，十分盡興了，又何必還要再和老朋友相見？

這就是魏晉風度，一種純美的令人心儀的風度。

美的價值是過程的本身，而不是外部的某一個目的。

當我們消除了外在的目的性，就能充分體驗過程本身的快樂。

東晉的另一位高人、大詩人陶淵明也同樣有這一份純美的風致。陶淵明有一張琴，沒有裝琴弦，他本人也不會彈琴，但小醉微醺時，總是喜歡把這張無弦琴抱在懷裡，彈撥幾下，那個時候，他整個人完全陶醉在想像中的優美的琴聲裡。

無獨有偶，上個世紀初，也有一位這樣的能自得其樂的小提琴演奏者。

愛因斯坦與小提琴

上個世紀初，有一位少年，夢想成為帕格尼尼那樣的小提琴演奏家。他一有空閒就練琴，練得如癡如醉，幾乎走火入魔，但沒有太大的進步。父母看在眼裡，疼在心裡，覺得這孩子的琴拉得實在太蹩腳了，完全沒有音樂天賦，但又不忍心說出來，怕會傷害孩子的自尊心。

有一天，少年去請教一位老琴師，老琴師說：「孩子，你先拉一支曲子給我聽聽。」

少年拉了帕格尼尼的一個練習曲，破綻百出，簡直讓人不忍聽下去。

拉完之後，老琴師問：「你為什麼這麼喜歡拉小提琴？」

少年說：「我想要成功，我想成為帕格尼尼那樣偉大的小提琴演奏家！」

老琴師又問：「如果你成不了小提琴演奏家，你還會覺得快樂嗎？」

少年回答：「我照樣會覺得快樂！」

老琴師就說：「孩子，你非常快樂，這就說明你已經成功了，你又何必一定要成為帕格尼尼那樣的演奏家呢？在我看來，這種快樂的本身就是成功啊。」

少年聽了這話，深受感動，他終於明白，快樂的本身就是世界上最好的成功，並且，這種成功不需要成本，沒有風險。一個人如果放棄了已經擁有的快樂，而另外尋找成功，就一定會陷入失望之中。

少年心頭的那一股一定要當小提琴演奏家的狂熱，從此就冷了下來。他不再想當演奏家，但他仍然經常拉小提琴，在拉琴中他感到十分快樂，正像兩句禪語所說的那樣：

「但得琴中意，何勞弦上聲？」（《宏智禪師廣錄》卷四）

這個少年是誰？他不是別人，他就是阿爾伯特·愛因斯坦。

愛因斯坦一生都很喜歡拉小提琴，雖拉得十分蹩腳，卻能自得其樂。

因為他注重的是過程，而不是結果。

安住在當下

禪語說：「貪觀天上月，失卻掌中珠。」（《五燈會元》卷十五）「當下」就是手中的珍珠，而遙遠的目標如同天邊的月亮。當我們把眼睛盯着天上的月亮的時候，就會丟失手中的珍珠。

安住在當下，就是用一顆快樂的心，把你的興趣，集中在當下，全心全意去體驗它。

我們一直活得很匆忙，不管是吃飯、走路、睡覺，總是沒有耐性，總是急着想趕赴下一個目標；我們總是無法專注於「當下」；我們總是想着明天的事，明年的事，甚至下半輩子的事──

有人說「我明年要賺得更多」，有人說「我以後要換更大的房子」，有人說「我要得到更高的職位」。

後來，他的錢賺得更多，房子住得更大，職位也連升了好幾級，可是，他仍然不快樂，仍然不滿足，還在想：「唉！我應該

再多賺一些，房子更大一些，職位更高一些！」

　　這就是失去了當下，而沒有「活在當下」。有了這樣的心理，即使得到再多，也不會快樂，因為你永遠也不會滿足，一輩子都是行色匆匆，只知道往前趕路。

　　其實，要享受當下，不一定非要等賺足了多少錢，才可以歇下來。如果我們一門心思只想未來怎樣，對當下視若無睹，就永遠得不到快樂。因為未來不可把握，只有當下才能切切實實地被我們擁有。

　　什麼是人生的幸福？人生的幸福就是當下的陽光。

　　陽光每一天都溫暖燦爛，只要你去掉了雜念，把你的心放在了當下，就可以盡情地去享受它，這時候，陽光就會暖洋洋地照在你的臉上。

　　參透了這裡面的奧妙，即使你是一個平凡的人，也會比哲學家更懂得怎樣來生活。

漁夫的快樂

　　哲學家看到一個漁夫在海灘上曬太陽，問：「你怎麼不去捕魚？」

　　漁夫說：「我已經捕魚回來了。」

　　哲學家說：「為什麼不多捕一船魚？」

漁夫説：「我已經夠吃夠用的了。」

哲學家説：「你多捕魚可以多賣錢呀。」

漁夫搖了搖頭：「要那麼多的錢幹什麼？」

哲學家掐了掐指頭，算了一算，説：「如果你每天多捕一船魚，十五年後就可以買很多船。」

漁夫懶洋洋地説：「那又怎麼樣？」

哲學家認真地説：「那個時候，你就可以安安心心地躺在海邊曬太陽了。」

漁夫説：「我這不已經是安安心心地躺在海邊曬太陽了嗎？現在，偉大的哲學家啊，勞駕您挪開，別擋住我的陽光啊。」

由此可見，陽光隨處存在，隨時存在，關鍵在於你有沒有欣賞陽光的心情。

陽光是當下的，是現成的，快樂也是當下的，是現成的。

禪説：「人的生命就活在當下的呼吸之間。」人的生命是由當下的一呼一吸組成。活在當下，就是把握當下的生活。

昨日之日不可留，明日之日何其多。把握今天，把握當下，也就把握了一生。

世上最珍貴的東西，不是「得不到」和「已失去」，而是當下能把握到的東西。把握當下的分分秒秒，每一天都會充實而快樂。希望每個人都能記住「活在當下」的主旨──

把握現前的境遇，珍惜今天的幸福。享受過程的樂趣，安住當下的快樂。

是誰束縛了你

　　釋迦牟尼在大徹大悟時說：「奇哉，一切眾生，具有如來智慧德相。但以妄想執著，而不證得。」（《大慧語錄》卷十六）——所有的人都有覺悟的智慧、德行和相狀，但是，因為芸芸眾生有了妄想執著，而迷失了本心本性。

　　既然妄想執著遮蔽了本心本性，要想獲得覺悟，明心見性，就一定要去掉這個妄想執著，使被妄想執著遮蔽住的覺悟性重新顯現出來。

　　在禪學看來，妄想執著不是來自外部，而是來自我們的內心。芸芸眾生的執著，都是「作繭自縛」。我們像春蠶作繭一樣，不斷地吐出煩惱慾望的絲，結成了厚厚的繭子，把自己死死地束縛在裡面。

　　心裡有了妄想執著，就生起了束縛，就是迷失。

　　去除掉了妄想執著，就獲得了自由，就是解脫。

　　束縛我們的，不是別人，是我們自己；

　　解脫我們的，不是別人，還是我們自己！

　　《壇經》說：「一念覺，眾生即佛。一念迷，佛即眾生。」——一個念頭覺悟了，芸芸眾生就成了大徹大悟的人。一個念頭迷惑了，大徹大悟的人就成了芸芸眾生。

　　這就叫「迷悟皆由心」，迷失和覺悟，都取決於我們的心。

縛脫皆由心

　　束縛生煩惱，解脫即菩提。束縛和解脫，都是來自同一個源頭，這就是我們的心。《楞嚴經》、《維摩詰經》等禪學經典，都宣傳縛脫同源的宗旨。

　　《楞嚴經》說：「縛脫無二。」──束縛和解脫，都來自同一個心。

　　《維摩詰經》說：「若有縛則有解，若本無縛，其誰求解？」──有了束縛，才有和它相對應的解脫。如認識到束縛是源自我們的內心，那麼當下就是解脫，也就用不着另外去尋找什麼解脫的了。

　　束縛自己，解脫自己的，都只能是我們自己，而不是他人。

誰束縛了你

道信禪師參拜禪門三祖僧璨禪師的時候，說：「我的心裡非常苦惱，請師父賜給我解脫的法門。」

僧璨禪師問：「誰束縛了你？」

道信想了半天，說：「沒有人束縛我呀。」

僧璨說：「既然沒有人束縛你，你就已經解脫了！」——當你認識到束縛你的不是外在力量，而就是你自己的時候，你就已經獲得了開悟。

道信聽了，如大夢方醒，當即就決心要好好追隨僧璨禪師學習。他跟僧璨學禪，一學就是九年。後來他繼承了僧璨禪師的衣缽，成為禪宗的四祖。

石頭希遷禪師在接引學人時，也運用了這個機鋒。

學人問希遷禪師：「怎麼才能獲得解脫？」

希遷反問：「誰把你捆住了？」——如果沒有別人捆住了你，就是你自己捆住了自己。既然是你自己捆住了自己，就要自己去解開它，不要向別人尋求解脫的方法。

學人又問：「什麼是淨土？」

希遷再度反問：「誰把你弄髒了？」言下大意是，你自己把自己弄髒了，你自己有了不乾淨的心，所以看這個世界也是不乾淨的。

我們的心使我們得到束縛，我們的心也使我們獲得解脫。

什麼團團轉

有一個秀才，到廟裡去拜訪一個禪師。他在路上看到了一頭牛，牛的鼻子被繩子拴在一棵樹上。這頭牛想吃草，可是因為牛鼻子被拴住了，吃不着，就圍着這棵樹不停地轉圈子。秀才想，等會兒我到廟裡要考一考禪師，看他能不能猜出來我在路上到底遇到了什麼事情。

秀才到了寺裡，和禪師寒暄一番之後，喝着茶，聊着天。在兩人都很放鬆的狀態下，秀才冷不丁地冒出一句話：「師父，什麼在團團轉？」

秀才問了這句話，就看着禪師的反應。他本來想，禪師一定會運用神通什麼的，來看看自己路上到底遇見了什麼。哪知他的話音剛落，禪師根本沒有想，隨口就回答說：

「只因繩沒斷！」

秀才聽了，大驚失色，問：「啊！您怎麼知道我看到的那件事情，而且知道原因是繩子沒有斷呢？」

禪師哈哈大笑，告訴他：「你問的是事，是一個具體的事項。我回答你的是理，是在真理的層次，是在智慧的層次。

「你想想看，一個人一輩子為什麼總是在打轉轉？這是因為他被一根繩子拴住了鼻子，被一根繩子拴住了心靈。由於世上的人沒有掙脫這根繩子的束縛，所以才一直在那裡打轉轉啊！」

秀才聽了，佩服得五體投地，不由得讚歎，禪的智慧，實在是高明！

我們的人生，經常被什麼拴住了呢？

你是財奴，喜歡賺錢，那金錢就是拴住你的繩子。

你是房奴，喜歡房子，那房子就是拴住你的繩子。

你是色奴，好色成性，那美色就是拴住你的繩子。

我們就這樣被金錢拴住，被房子拴住，被美色拴住。

佛說，人有八萬四千煩惱。這八萬四千煩惱，就是八萬四千根繩子。我們被這麼多根繩子牢牢拴住，自己把自己五花大綁，到底什麼時候才不會團團轉呢？

要擁有一個快樂自在的人生，就要掙脫這些無形的繩子。

心生萬法生

禪的經典《大乘起信論》說：「心生則種種法生，心滅則種種法滅。」

「法」就是事物。世上的各種事情，只有通過我們心靈，才能感知它們的存在。在這個意義上，世上萬物都是從我們的心裡「生」出來的。所以，我們的心和諧了，周圍的世界就和諧了；我們的心乾淨了，周圍的世界就乾淨了。

你心裡有光明，你就會看到光明。你心裡有鬼，你就會見鬼。

聰明的女鬼

有一對夫婦非常恩愛，不幸的是，年輕的太太得了不治之症，臨終前她拉着丈夫的手，依依不捨地說：「我實在是太愛你了，實在不想離開你。我死了以後，你千萬不要忘了我，不要去找別的女人，不然的話，我

做鬼也要跟你算賬！」

不久這位太太就死了。剛開始的半年裡，丈夫很悲傷，也沒有心思想別的。但半年以後，來了一個美女同事，兩人慢慢產生了感情。感情慢慢地升溫，終於，倆人訂了婚。

這下麻煩就來了。自從訂婚那天起，丈夫感覺到每天夜裡都有女鬼來騷擾他，罵他不遵守諾言，並把他與新的女朋友之間所發生的事說得一清二楚：前天在哪兒見面啦，昨天買了一件什麼東西給她啊，今天在公園的第幾排橙子上把她摟住，還乘沒人的時候偷偷地親了一口啊。這個女鬼甚至還可以把他與新女友之間的對話，複述得一句不差。這讓他很苦惱，每天晚上都睡不好覺。

沒辦法，他只好請禪師幫忙。

禪師說：「哦，有這麼聰明的女鬼啊？你說你一舉一動都瞞不過她，不管你做什麼、說什麼、送什麼東西給你的意中人，她都知道，那麼她一定是個精靈鬼了。

「這樣吧，下次她來找你的時候，你就和她交談，誇她聰明絕頂，無所不知。然後你再提一個問題，讓她回答。如果她能回答上來，你就答應她和新的女友解除婚約，決不再娶。如果她回答不上來，她就再也不會來麻煩你了。」

「我要問她一個什麼樣的問題呢？」

禪師說：「你隨手抓一把黃豆，問問她你手裡究竟有多少粒黃豆。」

丈夫將信將疑，依計而行。

當天晚上，女鬼又來了，丈夫就誇了她一通，說她聰明伶俐，真是

無所不知無所不曉。

女鬼自負地說：「那當然嘍，你說的一點沒錯。你今天去見那個禪師的事情，我也知道！」

丈夫冷汗直冒，只好使出最後一招，隨手抓起一把黃豆，說：「你既然這麼聰明，什麼都知道，那麼就說說看，我手裡究竟有多少顆黃豆？」

他等着等着，那個女鬼再也沒有答腔。女鬼就這樣永遠地消失了。

這時候，他終於明白，原來那個活靈活現的女鬼，只不過是自己心理的變現而已！因為自己心裡有「鬼」，覺得對不起前妻，就想像出一個女鬼來找自己的麻煩。他自己做了什麼，自己心裡明白，就想像女鬼的心裡也明白，結果自己嚇了自己一場。

這個世界上的很多「鬼」，實際上，都是我們主觀想像的產物。

新羅元曉禪師

在朝鮮歷史上的三國末年，出現了一位大師，名叫元曉(617—686年)。元曉出家後，仰慕玄奘大師，決心和好朋友義湘禪師前往中國唐朝學習佛教。

元曉與義湘走了很長的一段路，因為急着趕路，錯過了村莊，只好在黑暗的樹林中，住上一宿。當時是夏天，兩個人吃着乾糧，乾糧噎在喉嚨裡，渴得難受。他們隨身帶的水囊裡，已經沒有一滴水了。

元曉想起剛剛路過了一個竹林，竹林邊有一片濕濕的反光，還有青蛙的叫聲。他估計竹林的附近一定有水，就起身去找水。當時天色很暗，

看得不是清楚。順着青蛙的叫聲，他果然發現有一池清水。他的手在無意間碰到了一個葫蘆瓢。他就用這個瓢來舀水，咕咚咕咚喝了一通，覺得那水非常清涼甜美。

他要和好朋友分享，用水囊盛滿了水，帶回去給義湘喝。

義湘也是一口氣把水喝了個精光，讚歎説：「想不到這窮鄉僻壤，還有這麼好喝的水！」

第二天清晨醒來後，兩個人決定到昨天的那個水池邊痛快地洗把臉，再盛上水，好趕路。

等他們來到水池邊，兩個人突然看到，水池的裡面，有一具骷髏躺在那裡。昨天晚上喝水用的那個東西，也不是什麼葫蘆瓢，而是一個死人的頭蓋骨！

看到這個樣子，兩人當場就翻腸倒肚，吐了起來。在那個瞬間，元曉突然想起《大乘起信論》中的兩句話：

心生則種種法生，心滅則種種法滅！

這兩句話他以前也讀到過，並沒有太深的感覺。而在這個時候，元曉算是深刻地領會了。

原來，池水還是原來的池水，並沒有改變什麼，改變的是自己的心。自己認為它是乾淨的，喝起來就甜絲絲的；自己認為它是髒的，立即就會嘔吐起來。

兩人嘔吐了一通後，繼續趕路。不多久，他們遇上了暴雨，兩人跌跌撞撞地跑，找躲雨的地方。後來發現路邊有着一個圓墩墩的大土龕，像

是山裡人燒窯的窯洞。兩人慌忙間衝了進去。雖然感到這個窯洞很破舊，洞的入口纏着很多蜘蛛網，但狂風暴雨裡，能找到一個地方躲雨，已經是不幸中的萬幸了。

那天晚上，他們舒舒坦坦地睡了一夜。

第二天天亮的時候，他們又吃了一驚，發現原來這個地方根本不是窯洞，而是一個塞滿了白骨的巨大的古墳。他們頓時感到恐怖陰森，想離開這裡。

但狂風驟雨，就是不停，他們實在沒法離開，只好留在這個大墳裡，在這裡又住了一晚。

這天晚上，他們就不像前一天晚上那樣睡得安穩了，他們總是覺得鬼聲淒厲，眼前出現了無數的幻影，到處是鬼哭狼嚎。倆人在輾轉不安中熬過了一個晚上。

第三天，當陽光燦爛，照進古墳中的時候，元曉徹底領悟到了「心生則種種法生，心滅則種種法滅」的道理——

外在的境界並沒有變，改變的是自己的心靈。心中坦蕩，就睡得香甜；心中不安，就輾轉難眠。

經歷了這兩件事以後，元曉豁然開悟。他已經領悟到了禪學的精髓要義，悟出了人生的秘密。他覺得沒有必要繼續到中國參訪高僧了，就返回了新羅，終於成為朝鮮佛教史上的一位開創性的人物。

一心開二門

　　人生的快樂到底在哪裡？它不在高高的山上，不在深深的海底，而是在我們的心中。

　　《大乘起信論》中有一個很重要的理論，就是「一心開二門」。

　　「一心」就是指我們這個心；「二門」是指真如門和生滅門。

　　「真如門」就是覺悟，是心的純潔清淨；「生滅門」就是迷妄，是念頭不斷地流轉，不斷地被慾望所糾纏。

　　一心二門的意義，在於讓我們認清這樣一個道理：

　　在覺悟的時候，我們擁有的是一顆清純的心，這是心的真如門；

　　在迷失的時候，我們具有的是一顆污濁的心，這是心的生滅門。

　　在人的一生乃至一天中，經常會在這兩扇門中轉來轉去，一

方面覺悟清醒，一方面又難耐誘惑。

由此可見，痛苦和快樂的根源，提升和墮落的原因，不在別處，就在於我們的內心。

照看好了這顆心，當下就是覺悟。

去天堂，還是去地獄，都取決於我們的心。

地獄與天堂

一心二門，是「真如門」和「生滅門」，也是「天堂」之門和「地獄」之門。

在日本，有一個武士，向白隱禪師請教說：「我讀過許多經典，都說有天堂和地獄。請您告訴我，真的有地獄和天堂嗎？」

白隱一聽他的話，就知道問題的癥結在什麼地方，決定用禪的辦法，當下點化他，就問他：「你是做什麼的？」

「我是一名武士。」

「你是一名武士？」白隱吼了起來：「哪個愚蠢的主人會要你做他的保鏢？看你這邋裡邋遢、賊頭鼠臉的樣子，簡直像一名乞丐！」

「你說什麼？」武士跳了起來，熱血上湧，伸手就要去拔腰間的寶劍。對於一個武士來說，他可以不要自己的性命，但不能不維護自己的名譽。這個武士哪裡受得了這樣的侮辱！

白隱繼續冷嘲熱諷：「你想拔劍幹什麼？老和尚我是金剛不壞之軀，你那把破銅爛鐵，砍不下我的腦袋！」

武士實在是忍無可忍，「匡」地一聲拔出了寶劍，目露兇光，就要將寶劍砍向白隱。

這時，只見白隱注視着武士，從容地說：

「地獄之門由此打開！」

武士一聽，當下驚出了一身冷汗。他明白原來禪師是大慈大悲，用激發起自己無名怒火這個方式來點化自己。他覺察到自己的冒失，感到禪師的修行實在厲害，急忙扔掉寶劍，跪倒在地，向禪師磕頭道歉。

這時，白隱禪師微笑着，溫和地告訴武士：

「天堂之門由此打開！」

一個嗔恨兇惡的念頭，會通向「地獄」；一個懺悔改過的念頭，會通向「天堂」。

天堂和地獄，不是我們死後所要去的某個地方，而是存在於我們當下的一念之中！

走向地獄還是走向天堂，完全由我們的心來決定。

在中國歷史上，也有一則與白隱禪師公案相媲美的故事。

黑風吹其船舫

《法華經》是在中國影響最大的禪學經典之一。《法華經·普門品》裡有一句經文說：「黑風吹其船舫，飄墮羅剎鬼國。」羅剎鬼是一種惡鬼。經文的字面意思是說，如果在船上遇到了黑風，就會被吹到羅剎鬼國裡去，被羅剎鬼吃掉。

唐代的于頔在擔任襄陽地區的最高行政長官時，刑法嚴苛，凡是對

自己有意見的人，一律抓來殺掉。但就是這樣的人，受當時風氣的影響，對禪學經典也很愛好。

于頓有一天讀《法華經》，讀到了這段話，不知道是什麼意思，就向紫玉道通禪師請教。

紫玉禪師想借這個機會來點化他，就厲聲怒喝：「于頓，你這個下賤的東西，這句話是你配問的嗎？你問這句話幹什麼！」

于頓聽了，怒從心頭起，惡向膽邊生，目露兇光，就要發作。這時，只聽得紫玉禪師說：

「這就是『黑風吹其船舫，飄墮羅剎鬼國』！」

于頓聽了，頓時有所省悟。想起自己平時濫殺無辜，造下罪孽，不知道多少次被「黑風」吹到了羅剎鬼國，不覺驚出了一身冷汗，濕透了衣襟！

「黑風」就是陰暗兇惡的念頭。這個念頭，最後會把我們帶到艱險的境地，使我們陷入滅頂之災。

一心開二門，這顆心既可以作佛，也可以作魔鬼；既可以通向天堂，也可以通向地獄；既可以通向光明，也可以通向黑暗；既可以通向迷惑，也可以通向解脫。感悟禪的智慧，就是要看管好自己的心，不讓它進錯了門。

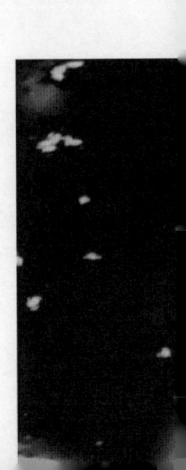

成凡與成聖

　　人成佛很難，但是成為魔鬼卻是一念之間的事情。因為我們始終處在十字路口，始終面臨選擇，始終都在選擇中。

　　人性中魔鬼的一面，時時都引誘着我們：明明知道錯的，卻還是去做了；明明是對的，卻又不願去堅持。很多選擇，往往只是電光石火間的一念之差。這就叫「佛魔一念間」。比如，由於一念之差，有人在爭吵時起了兇心而持刀殺人；有人在失戀時起了歹意將硫酸潑向女朋友的臉；有人在錢財前不能自主而貪污了公款……

　　正因為「佛魔一念間」，所以禪的經典《金剛經》中，一直特別強調「善自護念」，要好好照顧好我們的念頭。

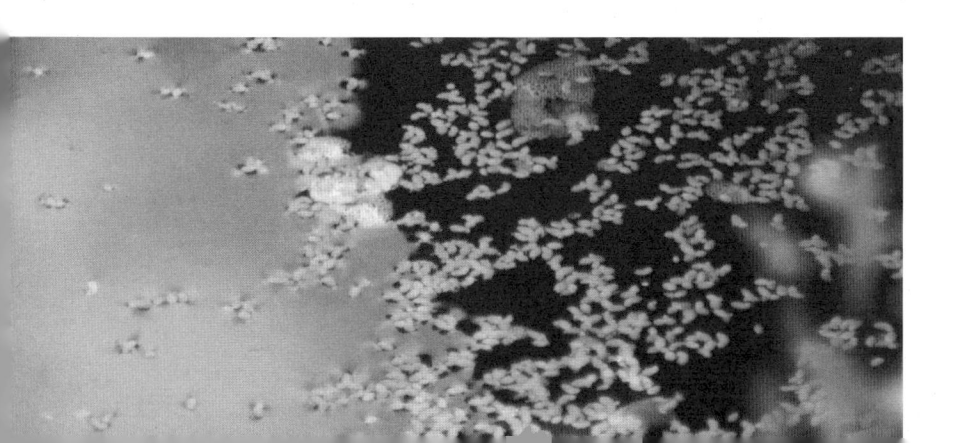

一首小詩

有一首小詩說：

> 三點如星象，彎鉤似月斜。
> 披毛從此得，作聖也由它！

這首小詩是寫什麼的呢？它是在寫一個字。

這個字是什麼字呢？「三點如星象」，三個點，像天空中的星星一樣錯落有致地排布着。

「橫鉤似月斜」，在這三個點的中間，有一道橫鉤，好像月芽兒貼在天上。

講到這裡，大家就明白了，原來，這是一個「心」字。

「披毛從此起」，披毛，披毛戴角，在禪學中指畜生。這句話的意思是，你如果想做畜生、做禽獸，是由這顆心所決定；

「作聖也由它」，如果你想做佛、做菩薩，也是由這顆心所決定。

迷妄、墮落是你自己造成的，覺悟、提升也由你自己決定。做畜生的是你，成佛的也是你！

這首詩的意思非常深刻。它生動地說明，如果我們放縱自己的心，就會墮落；如果我們看管好自己的心，就會超凡入聖，獲得生命層次的提升。

禪學說：「心魔即魔，心佛即佛。」成佛和成魔，都取決於我們的一念之間。

佛魔皆自作

有一個畫家，想畫佛陀和魔鬼。為了使作品生動，他想在現實中找一個原形，但總是找不著，以致於一直沒法下筆。

一個偶然的機會，他在寺院進香時，無意中發現了一個和尚，他身上的那種端莊安詳的氣質，深深地吸引了畫家。於是，他就去找那個和尚，請他給自己做模特。和尚聽說做模特是為了幫助畫家畫佛，就欣然同意了。

畫家的作品完成以後，造成了轟動效應。一時間，電視、報紙、網絡上，對這件事大肆炒作。畫家也很自負地說：「這是我畫過的最滿意的一幅畫，因為給我做模特的那個人，讓所有的人看了，都會認為他就是佛！他身上那種莊嚴安詳的氣質，可以感動每一個人！」

畫家因為這幅畫，取得了巨大的成功。為了表達謝意，畫家給了那個和尚一大筆錢。

一年之後，這個畫家又準備著手畫魔鬼了。但同樣的難題又出現了：到哪裡去找魔鬼的原形呢？

他走了很多地方，找了很多外貌兇惡的人，但沒有一個讓他完全滿意。最後，他終於在監獄中找到了和想像中的魔鬼完全吻合的一個人。

畫家高興極了，他想，自己又可以根據這個模特，創作出另一幅傑作了。

可是當那個犯人看到他的時候，卻失聲痛哭起來，說：「為什麼你上次畫佛的時候找的是我，現在畫魔鬼的時候找的還是我！是你把我從佛變成了魔鬼！」

　　畫家一臉的驚奇，說：「這怎麼可能呢？我畫佛時找的那個人氣質非凡，而你看起來就是一個不折不扣的魔鬼，怎麼會是一個人呢？」

　　那個人傷心欲絕地說：「自從我得到你給我的那筆錢後，每天只知道尋歡作樂，揮霍無度，酒色財氣，樣樣都沾，還染上了毒癮。到後來沒了錢，就去搶別人的錢，在搶劫的時候，還殺了人。只要能得到錢，什麼壞事我都做了。開始的時候還有慚愧之心，到後來就完全麻木了，以至於成了現在這個樣子！」

　　畫家聽完他的話，感慨萬分。他驚歎成佛和成魔這兩件截然相反的事，竟然發生同樣的一個人身上！

　　迷失與覺悟，都由我們的心來決定。

　　束縛我們的是我們自己，解脫我們的也是我們自己。

　　心中有太陽，半夜裡也會見到陽光；心中有陰影，大白天也會見到惡鬼。

　　一念善心，是通向天堂之路。一念惡心，是通向地獄之門。

　　成凡與成聖，做佛與做魔，覺悟與迷失，都取決於我們的心。

　　所以，人生在世，至關緊要的，就是千萬要看管好自己的心！

看管好自己的心

　　煩躁、無聊、絕望、孤獨，成了當代人的普遍心理。由此而引發的抑鬱症、精神病，以及自殺事件，正有逐年攀升的勢頭。

　　由於心理的絕望，很多人浪費了寶貴的生命，走上了一條不歸路。那麼，在這個方面，禪學的智慧，到底可以給當代人提供哪些有益的借鑒呢？

　　在心與境的關係上，智慧的人和愚癡的人有不同的方式，所謂「智者轉心不轉境，愚者轉境不轉心」。

　　智慧的人，通過「轉心」，轉化心態，來改變對環境的看法。不論外在的環境如何，都影響不了他的情緒，他根本不需要去「轉境」。如果他在生活中感到不適應，他不會抱怨或強行改變無法改變的世界，而是會首先調整好自己的心態，通過改變自己的心態，把惡劣的環境，轉變成對自己有利的環境。

　　而愚癡的人呢，只知道「轉境」，心思跟着境界跑，很容易受外界的影響。他從來不知道「轉心」，不知道通過改變自己的心態，來改變對事物的看法。這樣一來，他就會被外境所控制：「迷卻常住真心，隨境而轉。境順則愛，境逆則憎。由愛起貪，由憎起嗔。」（《天如惟則禪師語錄》卷三）

　　迷失了本心本性，隨着外境轉圈子。一個好的外境來了，就生起歡喜，進一步發展為貪心；一個不好的外境來了，就生起憎恨，由憎恨發展為嗔恨。當他們面對痛苦的外境時，只想去逃避，而不知道怎樣去面對壓力，解除壓力。

　　所以，智慧的人與愚癡的人的區別就是：

迷時境攝心，悟時心攝境！（《宗鏡錄》卷三十八）

愚癡的人，心態被外在的狀況所影響，這就是「境攝心」——被外境控制了內心；

智慧的人，用心態來影響外在的狀況，這就是「心攝境」——用內心改變了外境。

「境攝心」，就是迷妄時的狀態；

「心攝境」，就是覺悟時的狀態。

「智者轉心」、以「心攝境」，就是「以心轉境」的禪的精髓。

所謂「以心轉境」，就是通過改變心態，來轉變對外部環境的看法。

以境攝心

　　愚者「轉境」，以「境攝心」。愚癡的人，處於迷妄中的人，被外部的環境所控制，從而產生負面的心理情緒，這種負面的情緒，會對自己造成巨大的傷害。

　　恐懼絕望就是一種極其負面的情緒，它可以使我們在很大的程度上自我摧殘。

被恐懼的硬幣燙傷

　　美國心理學家做了如下心理試驗：醫生將一名受試者帶到一間空房間裡。這時候，從隔壁的房間裡傳來了陣陣慘叫。醫生告訴這位接受試驗的人：這個試驗的目的，是測試人類忍受疼痛的能力極限。說着拉開窗簾，讓這名受試者觀看試驗的全過程。

　　只見有一個人被牢牢捆綁在一把椅子上，旁邊爐裡炭火熊熊燃燒，一個醫生用火鉗從爐中夾出一塊燒得通紅的硬幣，然後把這枚硬幣烙到那個人的手臂上。只聽「刺啦」一聲響，那個人的手臂上冒出了一股輕煙，隨後傳來一陣慘叫。試驗結束後，坐在椅子上的人跟跟蹌蹌走下來，用手摁着被燒傷的手臂，他的手臂上有一個硬幣大小的燒焦了的疤痕。

　　醫生讓這名接受試驗的人連看了幾次相同的試驗，然後把他帶到試驗室中，把他捆在椅子上，從爐中夾出一個燒得通紅的硬幣說：「現在，

我要把這枚硬幣放到你的手臂上了！」

接受試驗的人，突然感覺到有一個很熱的東西落到手臂上，隨後感到一陣鑽心的疼痛，他大聲地慘叫起來。醫生們發現，他的手臂上出現了一個硬幣大小的 3 度燒傷疤痕。

實際上，這以前所有的試驗都是假的，燒傷、慘叫統統是假裝出來的，真正的試驗對象只有一個，就是最後的那名受試的人。真正落在受試的人手臂上的那枚硬幣，只不過是稍微加了一下溫，略略高於體溫而已，根本不可能造成燒傷。

那麼，這個 3 度燒傷的傷疤到底是從什麼地方來的？因為沒有任何外在的因素，所以，它只能是意識使肉體「燒傷」。因為這個接受試驗的人認為他的胳膊在那樣的情況下，絕對會被燒傷，這是一個鐵定的事實，他絕對無法避免，於是他就真地被燒傷了。

由此可見，當我們被外界現象蒙蔽了眼睛，陷入了絕望之中的時候，就會產生巨大的心理壓力。這種心理壓力，會給肉體帶來巨大的創傷。

在這個試驗中，肉體燒傷的程度是3度，那麼精神被燒傷的程度是多少度？30度，還是300度？

不管具體是多少度，我們可以斷言，在這個試驗中，受試人的精神，已經被燒得血肉模糊，散發出一片焦糊的味道了。

囚徒之死

美國有一個著名心理學家，叫馬丁·加德納。他原來是一個醫生。

他認為，在美國630萬個死於癌症的人中，有80％的病人是被嚇死的，其餘的20％才是真正病死的。因此，他一直極力地反對把真實的病情告訴給這些癌症患者。

加德納曾經做過一個著名的實驗。他把一個死囚綁在椅子上，用黑布蒙上雙眼，告訴死囚犯說，要對他執行死刑了。然後用木片在那人的手腕上劃了一下，其實並沒將手腕劃破。接着，加德納把預先準備好的一個水龍頭打開，讓水龍頭向下面的一個容器裡滴水。滴水的聲音，就像血在滴的聲音，開始的時候比較快，後來越來越慢。那個死囚犯認為自己的血管已經被割破，一直在想着是自己的血在滴，到最後，水龍頭上的滴水聲完全停止，死囚想着自己的「血液」已經全部流乾了，就在絕望中死去了。

死囚犯是被自己的恐怖嚇死的，這就是這個實驗的結論。

加德納的這個實驗引起了很大的轟動，他為此還遭到了美國司法當局的起訴。但這個實驗卻是用鐵的事實告訴世人：當一個人的精神和信念被摧垮之後，生命就會結束，死神就會降臨。

加德納在發佈自己見解的時候，特別強調：身體的健康很大程度上取決於精神的健康，取決於信念。在很多情況下，人所處的絕境，並不是真正的生命絕境，而是一種精神的絕境。只要你的精神沒有垮下來，外界的一切很難把你的生命結束。

由於對外境的錯誤的感知，容易形成負面消極的意念。這種負面消極的意念，可以使人的皮膚招來3度燒傷，可以使囚犯自己嚇死自己！

所以，當我們在現實生活中，遇到看起來的逆境、絕境，而產生恐怖、絕望的時候，一定要調整好我們的心態，用積極的心態，把它轉換成樂觀積極的心態，從而走出絕望的陰影。

以心轉外境

　　禪的經典《維摩詰經》裡，有一句名言說：「心淨國土淨。」——所謂「修行」，就是修正自己的行為。那麼是什麼決定了自己的行為呢？是我們的心。所以「修行」，實際上就是修心。你的心乾淨了，你所生活的環境，就是乾淨的樂土。這時候，每個人在你的眼裡都是好人，每一個地方在你的眼裡都是好地方，每一件事在你眼裡都是好事情。

　　中國有一個成語，叫「蚌病成珠」，很能說明這個問題。

　　當沙子進入蚌的身子裡面的時候，蚌感到非常不舒服，但是

它沒有辦法把沙子吐出去，這時蚌就面臨着兩種選擇：一種是抱怨，讓自己的日子變得很不好過；另一種是想辦法把這粒沙子同化，使自己和它和平共處。

蚌採取了第二種方式，開始把它的營養分出來一部分，去把沙子包起來。當沙子裹上了蚌的營養時，蚌就覺得它是自己身體的一部分，不再是異物了。沙子上蚌的營養成分越多，蚌就越能夠把沙子當成自己的一部分，就越能心平氣和地和沙子相處。

就這樣，蚌從開始時候沙子進入體內的極度不舒服，變成了使自己和沙子和平相處，最後把這粒沙子變成了珍珠。

蚌沒有大腦，是無脊椎動物，在生物演化的層次上很低。但是就連這麼一個沒有大腦的動物，都知道要想辦法去適應一個自己無法改變的環境，把一個令自己不愉快的異己，轉變為自己可以忍受的一部分，和它和平共處。人類號稱「萬物之靈」，如果在這一方面還不如蚌做得好，豈不是有愧於「萬物之靈」的稱號！

當我們沒有辦法改變環境、改變過去、改變事實時，就要努力改變我們的心態，用樂觀開朗的心態，來轉化外部的環境。

現在，我們就來看一看，以心轉境的禪學智慧，在生活中是怎樣具體運用的。

「自願被強暴」的女孩子

有一個女孩非常非常的漂亮，沉魚落雁，閉月羞花。但是很不幸，應了「自古紅顏多薄命」這句話，有一天，她被歹徒強暴了。她悲傷哭泣，到禪師那裡去訴苦：「師父啊，我好命苦，遭受了這麼大的不幸，我痛苦得已經無法承受了啊！這輩子我可怎麼活啊！遇到這種事，這一輩子都好端端地被毀了啊！」

禪師默然無語，女孩子哭泣得更厲害了，絮絮叨叨，沒完沒了。

禪師為了點化她，就把桌子一拍，斷然喝道：

「依我來看，不是那個歹徒強暴了你，而是你心甘情願被強暴的！」

那個女孩子一聽，如同當頭澆下一盆冷水，忙說：「師父，你看我都這麼可憐了，遇見這件事已經是這麼不幸，您還說我是自願的，這怎麼可能呢？」

禪師說：「你想想，你遇到了這種事，我也很同情。但這種不幸，過去了也就讓它過去，你不要整天到晚把它放在心上。何況，天網恢恢，疏而不漏，那個惡棍也一定會受到制裁的。禪學上說，你被別人射了一箭，就不要再自己射自己一箭。當你被別人傷害時，你千萬不要再作賤自己了啊！現在，別人射了你一箭，你不停地往自己的傷口上捅刀子，這不是太對不住自己了嗎！

「如果你整天到晚唸叨這件事，結果它會變得越來越沉重，會像一座大山一樣把你徹底壓垮。現在我來替你算一筆賬：一年有三百六十五天，你每天唸叨一遍，就等於你這一年被他強暴了三百六十五次；你每天

唸叨十次，就等於你一年被他強暴了三千六百五十次。這難道還不是你自找的嗎？」

那個女孩一聽，馬上就大徹大悟了！

她醒悟到什麼呢？──

你改變不了環境，但是你可以改變自己；

你改變不了事實，但是你可以改變態度；

你改變不了過去，但是你可以改變現在！

面對同樣的一件事，有了「以心轉境」的智慧，就可以超越它，從容地面對它。如果用世俗的思維來面對，就會非常的痛苦了。

用4/4節拍鋤草

在古希臘神話中，有一位叫西齊弗的國王。西齊弗因為得罪了最高的天神宙斯，被宙斯懲罰，貶到地獄來受苦。

宙斯對他的懲罰是，讓他推一塊巨大的石頭上山。每一次，西齊弗都要費很大的勁把那塊石頭推到山頂，然後才能休息。可是，就在他準備休息時，石頭又會自動滾下來。於是，第二天，西齊弗又要把那塊石頭往山上推。

這樣，西齊弗所面臨的是沒有盡頭的困境，他要沒完沒了地推石頭。宙斯就是要通過這個損招來懲罰西齊弗，折磨他的心靈，打擊他的意志，讓他在「永無止境的失敗」命運中，受苦受難。

西齊弗在開始的時候還感到痛苦，到後來他索性想，與其抱怨，還不如高高興興地去做。既然推石頭上山是我要幹的活，我只要把石頭推上

山頂，我的責任就盡到了。至於石頭會不會滾下來，那不關我的事。這樣一想，他在推石頭上山時，心裡就非常平靜。因為他安慰自己：明天起碼還有石頭可以推，明天還有活幹，明天還有希望。

宙斯本來是想通過這件事來懲罰西齊弗，但他發現西齊弗並沒有因此而感到絕望，才知道這個辦法不管用。

西齊弗轉換心態面對困境這件事，是值得我們思考的。當我們改變了自己，改變了心態的時候，本來懲罰的事情，就變成了磨煉自己的天賜良緣。

在一所大學裡，曾發生過這麼一件事。

「文革」的時候，中文系的一位老教授和音樂系的一位老教授，同時被下放到一個很偏僻的農場。他們每天的工作都一樣，就是打掃衛生，鋤草。

那位中文系的老教授不能忍受這種生活，認為這是對他人格的巨大侮辱，堂堂一個大學教授、學術權威，來做這種掃地、鋤草的雜活，真是斯文掃地。於是，在一個風雨淒淒的晚上，他懸樑自盡，含恨離開了人世。

而那位音樂系的老教授，也是一個很有名的學術權威，他就看得很開，每天高高興興地掃地、鋤草，一邊鋤草，一邊還哼上幾支曲子。一天又一天，一年又一年，幾年的時間一晃就過去了。

後來，音樂系老教授又回到了當年任教的大學，重新站到了講台上。大家驚訝地發現，幾年的時間，他受了不少的苦，卻一點也不顯衰老，站在講台上，竟然比下放前還要神采飛揚。大家都關心地問他這些年是怎麼熬過來的。

老教授哈哈一笑，說：「同學們，你們可知道，我在勞動時，每一次掃地、鋤草，都是用什麼節拍來做的嗎？我是用4/4拍的節奏來做的啊！」

同學們一聽，都情不自禁地為老師鼓起掌來！4/4節拍，在音樂中是傳達輕快、歡樂情緒的節拍，很多圓舞曲就是用了這個節拍。對於這位老教授來說，幹活就是在享受音樂，享受生活。在4/4的節拍中，他完全沉浸到藝術的境界之中，手舞足蹈，躊躇滿志，神與物遊，天人合一。

其實，生活就是這樣。當我們換一種心態去面對，就會有另一種風景，另一種境界。

快意赴前程

　　在威斯敏斯特教堂地下室裡，英國聖公會主教的墓碑上寫着這樣的一段話：

　　當我年輕自由的時候，我夢想改變這個世界。

　　當我漸漸成熟明智的時候，我發現這個世界是不可能改變的，於是我將眼光放得短了一些，那就只改變我的國家吧！但是我的國家似乎也是我無法改變的。

　　當我到了遲暮之年，抱着最後的希望，我決定只改變我的家庭，我親近的人。但是，唉，他們根本不接受改變。

　　現在我臨終之際，我才突然意識到，如果起初我只改變自己，接着我就可以依次改變我的家人。然後，在他們的激發和鼓勵下，我也許就能改變我的國家。再接下來，誰又知道呢，也許我連整個世界都可以改變。

這位主教用一生的經歷，印證了禪學的一個真理：只有從改變自己、改變自己的心態做起，才是切切實實的下手之處。

當我們擁有了一個樂觀的心態，就可以充滿自信地奔赴前程，在人生的考場上發揮出最好的潛能，交上最滿意的答卷。

秀才的三個夢

有一個秀才進京趕考，有一天晚上做了三個夢。第一個夢是在牆頭上種白菜，第二個夢是在下雨天戴着斗笠又打着傘，第三個夢是跟朝思暮想的姑娘入了洞房躺在一起，但卻是背靠着背。

秀才請求一個術士給他解夢。術士說：「嗨，你這個倒霉的秀才，你這三個夢太晦氣了！牆頭上種白菜，這不是白種嗎；下雨天，戴着斗笠又打把傘，這不是多此一舉嗎；跟心愛的姑娘都入了洞房了，卻還是背靠着背，這不是好事成空想也白想了嗎！你呀，不要去趕考了，趕快收拾行李回家去吧！」

秀才悶悶不樂，準備打起包袱回家，路上遇到了一個禪師，就如此這般地訴說了一遍。

禪師一聽，拊掌大笑說：「恭喜恭喜，你要金榜題名了！」

秀才說：「您老人家真會開玩笑。我都這麼倒霉了，您還拿我開涮啊？」

禪師說：「依我看來，事情正好相反。你想想看，你在牆頭上種白菜，說明你種得比別人高，高中！下雨天，戴着斗笠又打把傘，正說明你

準備得充足，加了雙重保險，有備無患！跟心愛的姑娘都入了洞房，雖然背靠着背，但只要翻過身來，不就成功了嗎？這說明你這個窮秀才好事成雙、夢想成真、翻身的時候快要到了啊！」

秀才聽了，大喜，放下了心理包袱，結果果然像禪師所說的那樣，一舉奪魁。

使秀才徹底改變命運的，就是強烈的自我暗示而形成的禪悅心態。如果受到第一種解釋的影響，秀才心裡就會想「我絕對考不上，絕對要名落孫山了」，最簡單的題目他也可能答不上來。因為他在走入考場之前就已經讓自己落榜了。相反，受到了第二種解釋的激勵，秀才抱着「我一定成功，我一定能高中」的心態應考，他就可以發揮出最大的潛力，可以超水平地發揮。他在走進考場之前，就已經在心理上金榜題名了。

心態對外境的影響是如此的巨大，它不但能讓我們的人生取得成功，而且還可以成為絕望時活下去的精神支柱。

最後一片葉子

人生可以沒有很多東西，卻惟獨不能沒有希望。只要有希望在，生命就會延續下去，哪怕這希望實際上是一個根本不可能實現的目標。

美國作家歐·亨利在他的小說《最後一片葉子》中也寫了這樣一個故事：病房裡，一個生命垂危的病人，老是從房間裡看着窗外的一棵樹，看樹上枯黃的葉子，在秋風中一片片地掉下來。

病人看着眼前的落葉，身體狀況也每況愈下，一天不如一天。她說：「當樹葉全部掉光時，我也就要死了。」一個老畫家知道了這件事，

就用彩筆畫了一片青翠的樹葉掛在樹枝上。那個病人天天在看那最後的一片葉子什麼時候掉下來，看來看去，那片葉子卻一直沒有掉下來。

因為這一片葉子沒有掉下來，病人竟然奇跡般地活了下來。

禪學說：「境由心變，境不離心。」（《宗鏡錄》卷一）在生活中，我們要善於運用禪的智慧，用積極樂觀的心態來轉化外境。如果你面對的風景很平常，就用你的心把它轉化成美麗的風景。如果你的人生有缺憾，就用你的心把它轉化成美滿的人生。

「智者轉心不轉境，愚者轉境不轉心。」智慧的人，通過「轉心」，轉化心態，從而改變對環境的看法。愚癡的人，只知道「轉境」，心思跟着境界跑，受外界的影響。受外境支配，被外境所轉，就會導致恐懼、沮喪、悲觀、絕望情緒，這些消極負面的情緒，會使人陷入絕境，甚至招致巨大的災難。

智慧的人生，就是要擺脱外境的束縛，以心轉境，用積極快樂的心態，去轉變艱難痛苦的環境。

這個用來轉換外境的積極快樂的心態，就是禪悦心態。

當你用禪悦心態來看世界時，這個世界就是光明的世界。

培養禪悦心態，就可以超越痛苦與缺憾，從而使生活得到大快樂、大自在。

用禪悦心態看世界

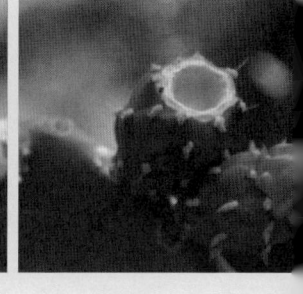

三個泥瓦工在砌一堵牆。

一位哲人問：「你們在幹什麼？」

第一個人回答：「我們在砌牆。」

第二個人回答：「我們在蓋一幢樓。」

第三個人回答：「我們正在建設自己的家園。」

哲人聽了，拍了拍第三個人的肩頭說：「今後，你將是幸運的。」

許多年之後，第一個人仍然是泥瓦工。第二個人成了工程師。第三個人成了前兩個人的老闆。

這第三個人所擁有的，就是禪悅心態。

什麼是禪悅心態呢？禪悅心態，就是運用禪的智慧，以心轉境，轉化煩惱，超越困境，而獲得的喜悅安詳、從容快樂的心態。

當你用禪悅心態來看世界時，這個世界就是一片光明的世界。一片光明的世界，就是步步蓮花生的世界。

蓮花，是一種吉祥清淨的花，出淤泥而不染。蓮花在禪的裡面被看作聖潔的象徵，所以我們看到的佛、菩薩像，都坐在蓮花寶座上。

相傳，淨飯王的妻子摩耶夫人懷孕後，臨近產期，一天在藍毗尼園散步，走到無憂樹下，手攀樹枝，從右腋的下面生出了悉達多太子，這就是佛陀——釋迦牟尼。釋迦牟尼出生後，就向四方八面各行七步，每走一步，都有蓮花從腳下生起。當時有九條神龍飛到他的頭頂，口吐香水，為他洗浴。在中國，習慣上在農曆的四月初八這一天舉行浴佛儀式，叫做浴佛節。

這就是釋迦太子誕生時，步步生蓮花的典故。但我們不要以為步步生蓮花只是佛的境界。當我們以心轉境，大徹大悟時，你也就成了佛，你也同樣可以步步生蓮花！

心態是根本

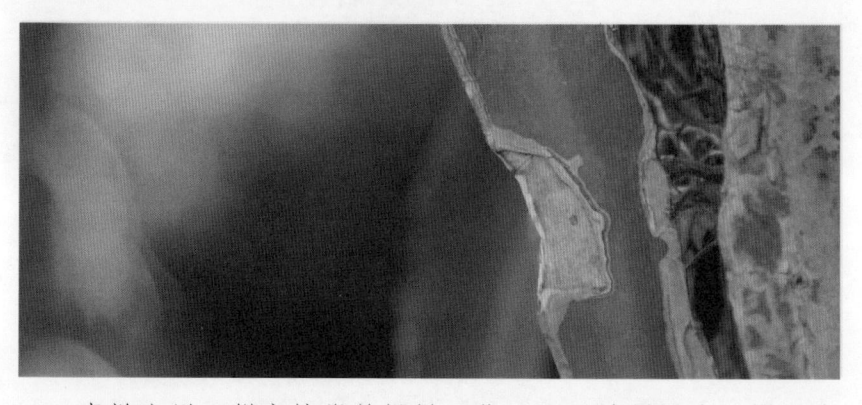

喜悅安詳、從容快樂的禪悅心態，可以減緩壓力，樹立自信，激發潛能，包容世界。

這個世界上不是沒有綠洲，而是你只看到了沙漠。如果你的心中陽光燦爛，這個世界上就不會有陰影。

有了禪悅心態，你就有了陽光一樣的生活。

世紀初的徵文

本世紀初，國外一家雜誌社舉辦徵文大賽，題目叫《世紀展望——21世紀我最想要的東西》，並開出了高達1萬美元的獎金。

活動開始後，世界各地的稿件如雪片一樣飛來，有將近兩萬人參加了這次活動。

　　雜誌社對所有的稿件按文章標題進行分類，統計結果發現，想要金錢的佔57%，想要家庭幸福的佔21%，想要權力職位的佔8%，想要漂亮賢惠妻子的佔5%。

　　專家對稿件進行了評審，評審的結果出人意料。這次競賽惟一的大獎，是一篇不足300字的文章。這篇文章的標題是：《我最想要一個積極快樂的陽光心態》。

　　專家們的評審意見是：

　　無論你想要金錢還是權力，無論你想要幸福的家庭還是香車豪宅，如果你擁有了積極快樂的陽光心態，你就什麼都可以得到。在未來的世界上，心態是最根本的競爭力！

　　確實，從根本上決定我們生命質量的不是金錢，不是權力，甚至也不是知識和能力，而是心態！

　　每個人都是一座有待開發的金礦，而決定這人金礦含金量高低的，就是心態。心態決定了你生命中的一切感受——

　　心體光明，暗室中有青天；念頭暗昧，白日下有厲鬼。（《菜根譚》）

　　心體便是天體，一念之喜，景星慶雲；一念之怒，震雷暴雨；一念之慈，和風甘露；一念之嚴，烈日秋霜。（《菜根譚》）

　　這兩段話的意思是說，有了禪悅心態，雖然置身在暗室，仍然感覺

到天青日朗；相反，有了陰暗心理，光天化日之下，也可以看到鬼影幢幢。心體就是天體。一個喜悅的念頭，就是燦爛的星辰和美好的雲彩；一個憤怒的念頭，就是炸雷和暴雨；一個慈悲的心態，就是惠風和暢，甘露普施；一個嚴厲的心態，就是烈日的熾烈，秋霜的蕭瑟！其中，喜悅安詳、從容快樂的禪悅心態，對當代中國人來説，顯得尤為至關緊要。

心態是黃金

好的心態讓你走向成功，壞的心態讓你走向毀滅。

成功不成功，快樂不快樂，取決於你有沒有禪悅心態。因此，培養禪悅心態，就非常重要。

禪悅心態是一種點金術。

我們的生活，由無數個普普通通的事情組成。有了禪悅心態這樣的點金術，就可以將生活中普普通通的事情，點鐵成金，使生活充滿快樂。

一尊佛與牛糞

《維摩詰經》說：「心淨國土淨。」——你的心裡乾淨了，你生活的世界就是一個美好、和諧的世界：你把別人看成是魔鬼，你就生活在地獄裡；你把別人看成是天使，你就生活在天堂裡。

　　傳説有一天，蘇東坡到好朋友佛印禪師那裡，跟佛印禪師茶敍。兩人盤腿而坐，品茶聊天。

　　蘇東坡問佛印禪師：「你看我像什麼？」

　　佛印禪師説：「我看你像一尊佛。」

　　蘇東坡笑着對佛印禪師説：「那我看你呀，像一堆牛糞！」

　　佛印禪師笑了笑，沒有説什麼。

　　蘇東坡以為這次他贏了，得了便宜，回家後沾沾自喜對妹妹説起這件事。

　　妹妹説：「哥哥，你輸啦！有什麼樣的心態，就會看到什麼。佛印禪師看你像一尊佛，説明他有一顆佛心；而你看他像一堆牛糞，這説明你的心也有一堆牛糞啊！」

　　蘇東坡聽了，面紅耳赤。他才知道這次跟佛印禪師鬥機鋒，又落了下風了。

　　從這件事情中，我們可以清楚地認識到，有什麼樣的心態就有什麼樣的處世環境——心裡有一堆牛糞，看人都是牛糞；心裡面有佛，看人都是佛。

　　我們看到的是什麼樣的世界，取決於我們的自心：

　　用悲傷的眼睛看世界，看到的就是陰沉壓抑的世界；

　　用陽光的心態去看世界，看到的就是陽光燦爛的世界。

雙胞胎的禮物

　　在心理學上，有一種系數，叫做「樂觀系數」或「悲觀系數」，這

種系數的力量佔實際現象的20%——

如果你有樂觀的心態，你比其他人多20%的幾率遇到開心的事；

反之，你有悲觀的心態，也會比平常人多20%的幾率遇到痛苦的事。

有一對性格完全相反的雙胞胎，哥哥是徹頭徹尾的悲觀主義者，弟弟則是一個天生的樂天派。有一年的聖誕節前夕，家裡人想看看他們的性格會不會在特殊的情況下有所改變，就給他們準備了不同的禮物：給悲觀的哥哥的禮物，是一輛嶄新的自行車；給樂觀的弟弟的禮物，是一盒馬糞。

拆開禮物的時候，大家在一旁等着，看他們有什麼反應。

哥哥首先拆開那個巨大的盒子，看到裡面的東西後，不但沒有高興，反而大哭起來，他說：「你們明明知道我不會騎自行車，還買自行車給我幹嘛？何況，現在外面還下着這麼大的雪！」

父母沒想到會出現這種情況，趕忙去哄他高興。這時候，弟弟好奇地打開了屬於他的那個盒子，房間裡頓時充滿了一股馬糞的味道。

出乎大家的意料，弟弟朝房間裡裡外外東張西望，非常高興，大聲地喊了起來：「爸爸媽媽，有了馬糞就有小馬，現在趕快告訴我，你們把小馬兒藏到哪兒去了？」

大家想想是不是這樣啊？整天愁眉苦臉的人，真的會招惹很多麻煩，越愁眉苦臉就越倒霉，這就叫「屋漏恰逢連陰雨，船破偏遇頂頭風」！

相反，用禪悅心態來看世界，世界就處處光明，陽光燦爛。正像《菜根譚》所說的那樣：

此心常看得圓滿，天下自無缺陷之世界；此心常放得寬平，天下自無險測之人情。

用禪悅心態來看世界，充滿缺憾的娑婆世界，就成了光明圓滿的極樂世界；用包容的心態來看世界，勾心鬥角、爾虞我詐的世態人情，就成了互相幫助、互相成就的和諧社會。

擁有禪悅心態的人，只關注陽光，而忽略陰影。

盤山寶積禪師在開悟以前，路過一家集市。集市上，有一位顧客在買肉，對賣肉的說：「割一斤精肉來！」屠家就給他割了一塊精肉。但這個客人很挑剔，不停地嫌肥揀瘦，不停地要求賣肉的給他割精肉，賣肉的人到後來終於忍不住了，把刀往案板上一戳，雙手往腰裡一叉，大聲吼叫着說：「挑什麼挑啊？哪一塊不是精的？」言者無心，聽者有意。盤山禪師聽了，心中頓時大悟（《五燈會元》卷三）。

是的，我們在生活中喜歡挑挑揀揀，而一旦去除了分別心，「哪一塊不是精的」呢？只要我們放下分別心，處處都是陽光燦爛。

孔子說：「君子坦蕩蕩，小人長戚戚。」一個君子，他永遠是坦坦蕩蕩的，他的胸襟永遠是光風霽月，像惠風和暢，像秋月皎潔。而「小人」呢？「小人長戚戚」，小人的心裡永遠有事情，永遠感到不對勁。小人看這個世界，不是覺得某個人對不起自己，就是覺得這個社會跟自己作對。

樂觀多自信

法國作家雨果說：「思想可以使天堂變成地獄，也可以使地獄變成天堂。」禪悅心態的作用，就是把「地獄」變成天堂。

禪悅心態可以激發自信，通過自我暗示的力量，激發出生命的潛能，從而使人的能力得到出神入化的發揮。

哈佛教授的實驗

上個世紀60年代，哈佛大學的一位教授在一所中學裡做了一個著名的實驗。

新學年剛開始時，教授請校長把兩位老師叫進辦公室，對他們說：「根據你們過去的教學表現，你們是本校最優秀的老師。因此，我們特意挑選了100名全校最聰明的學生，組成兩個班讓你們教。這些學生的智商比其他孩子都高，希望你們能讓他們取得更好的成績。」

兩位老師聽了很高興，表示一定盡力讓這些孩子取得優異的成績。

一年之後，這兩個班的學生的成績果然排在整個學校的前列。

這時，教授告訴了老師們真相：這些學生並不是刻意選出來的最優秀的學生，只不過是隨機抽調的最普通的學生罷了。

兩位老師得知真相後面面相覷，驚訝得說不出話來，他們無論如何都沒有想到事情竟會是這樣，於是，他們轉而都認為自己的教學水平確實

很高。

這時教授又告訴了他們另一個真相，那就是，一年前，他們也不是被特意挑選出來的全校最優秀的教師，也只不過是隨機抽調的普通老師罷了。

在這個試驗中，這兩位教師都認為自己是最優秀的，而且學生又都是高智商的，通過自我暗示激發起自信心，培養了禪悅心態，對教學工作充滿了信心，工作賣力，結果當然是大獲豐收了。

把「不」字擦掉

培養禪悅心態，不僅通過自我暗示來激發自己的潛力，還經常通過自我暗示來激發他人的潛力。

我在上大學的時候，有位教授在給我們上課時，在黑板上一筆一畫地寫出兩個大字：「不能」，然後他轉過身來，用期盼的眼神看着我們。我們知道他想要我們說什麼，就大聲地喊：「把『不』字擦掉！」

於是這位敬愛的老師就用橫掃天下的姿態，把「不」字擦掉，留下一個「能」字，那個字成了留在黑板上的惟一的一個字，非常非常醒目。老師在當時說的那段話，至今還一直如響雷一樣在我們的耳際轟鳴：

「同學們，你們要把『不』字擦去，而留下『能』字，作為你們人生的一課！

「你們要成為才華橫溢的人，成為富有愛心的人！要相信你們自己，相信你們的國家！你們要成為成功和快樂的人！要達到這個目的，你們一定要有一個心態，這個心態就是：你認為你行，你就一定能行！」

　　將禪悅心態運用在人生的戰場上，就可以發揮出超強的力量，無往而不勝。

　　有一位名叫織田信長的日本武士，決心要打敗實力比他強上十倍的敵人。他很有信心打勝這場硬仗，但他的部下卻心存懷疑。

　　在帶領部隊前進的路上，他在一座神社前停下，對部下說：「我要在這裡舉行一個儀式，用投錢占卜的方式來預測戰爭的結果。如果錢幣的正面朝上，就表示我們會贏，否則就會輸。我們的命運，掌握在神的手裡。」

　　信長進入神社，默默禱告了一會兒，然後轉身，當眾往地上投下一枚硬幣，結果正面朝上。他的部下看到了，信心倍增，都急着要去攻打敵人，恨不得馬上打贏這場硬仗。

　　戰爭勝利之後，他的一位隨從說：「一切都是天命，誰也不能改變命運啊。」

　　「確實是這樣。」信長說着，拿出那枚占卜的硬幣，大家這時候才發現，硬幣的兩面，都是正面！

處處放光明

　　用禪悅心態看世界，世界就一片光明。因為擁有禪悅心態的人，他會只看見陽光，而忽略陰影。

每一件事都是好事

　　擁有陽光心態，每一件事都是好事情。

有一位好好先生，他的口頭禪是「太好了，太好了！」前幾年的冬天下了一場暴雪，村民們都在大發牢騷，他說：「太好了。幸好一兩天就停了。如果這樣的雪一直不停地下，豈不把房子給壓垮了？」

有一次，好好先生的太太患了重病，村民們都紛紛前來探望老太太。大家都以為，這次他不會再說「太好了」吧！

哪知一進門，好好先生還是連連地說：「太好了，太好了！」

村民們不禁大為光火，問他：「您這也太過分了吧？老太太患了重病，你還口口聲聲地說太好了，這到底安的是哪門子心？」

好好先生說：「唉呀，各位鄉親，你們有所不知。我活了這麼一大把年紀，都是老太婆在照顧我。這次，她生了病，我終於有機會報答她，可以好好照顧她了，這可不是太好了嗎！」

每一個人都是好人

擁有陽光心態，每一個人都是好人。

有兩個人到一家公司求職，經理把第一位求職的人叫到辦公室，問他：「你覺得你原來的公司怎麼樣？」

求職的人面色陰鬱地回答道：「唉，那裡簡直糟糕透了。同事們爾虞我詐，勾心鬥角，部門經理粗野蠻橫，整個公司死氣沉沉，生活在那裡令人感到十分壓抑，所以我想換個理想的地方。」

經理回答他說：「我們這裡恐怕不是你想要工作的地方。」於是這個年輕人愁容滿面地走了出去。

第二個求職者進來之後，也被問了同樣的問題。

第二個人是這樣回答的：「我們那兒挺好，同事們待人熱情，大家樂於互相幫助。部門經理也平易近人，關心下屬，整個公司氣氛融洽，大家在一起生活得很愉快。如果我不是想發揮我的特長，我真捨不得離開那地方。」

經理聽了，滿面笑容地對他說：「你被錄取了！」

如果你總是在挑缺點，這個世界就會顯得一無是處；而當你看到別人都很和善的時候，機遇的大門也就為你敞開了。

21世紀最可貴的就是擁有一個積極快樂的禪悅心態。

有什麼樣的心態，就有什麼樣的生活。

禪悅心態可以點鐵成金，可以使我們的生活陽光明媚。

擁有了禪悅心態，生活中的每一個地方都是好地方，每一件事都是好事，每一個人都是好人。

在這裡，我用兩句明代人的話送給大家：「當為花中之萱草，毋為鳥中之杜鵑。」（《幽夢影》卷上）——萱草，就是忘憂草；杜鵑，就是成天到晚傷春啼血的子規鳥。你要是做花草，就去做花中的忘憂草，快快樂樂過一生；你要是做鳥，千萬不要做杜鵑鳥，要做就做一隻快樂鳥，一隻幸福鳥，一隻充滿禪悅的忘憂鳥。

這就是步步生蓮花的境界。步步生蓮花的境界，就是充滿禪悅的境界，這就叫：

「日日是好日」，「步步起清風」！

擁有了禪悅心態，我們就可以從容地走出陰影，走出絕望，走出人生的枯井。

走出人生枯井

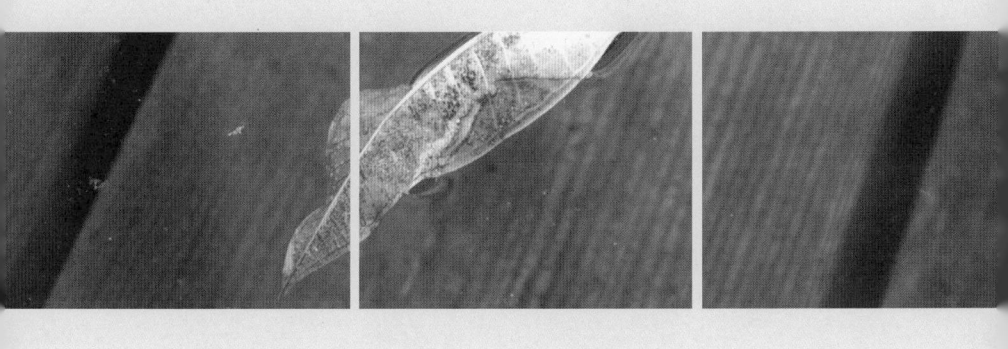

有個農夫牽着一頭驢子,驢子不小心掉進了一口枯井裡,農夫絞盡腦汁想救出驢子,但沒有成功,過了好長時間,驢子還在井裡痛苦地嚎叫。農夫最終放棄了要救驢子上來的想法。他聽到驢子絕望的叫聲,於心不忍,就請來左鄰右舍幫忙,將井中的驢子埋了,這樣就可以早一點結束它的痛苦。

大家開始將泥土鏟進枯井中。剛開始驢子叫得很淒慘。但過了一會兒之後,它就安靜了下來。到後來大伙都以為驢子差不多被埋住的時候,卻聽到驢子叫了一聲,從井裡跳了出來,一溜煙地跑開了。

原來,當鏟進井裡的泥土落到驢子的背上時,驢子就將泥土抖到腳下,然後站到它的上面去。就這樣,驢子將倒在它身上的泥土全數抖落在腳下,然後再站上去。很快地,這隻驢子就上升到了井口,在大伙驚訝的表情中,一躍跑開了。

在人的一生中,有時候我們難免會陷入枯井裡,會有各種各樣的泥沙落到我們身上。而想要從這個枯井裡走出去的秘訣就是:將泥沙抖掉,然後站到它的上面去!

將煩惱的泥沙抖落,走出人生的枯井,這就是禪的智慧。

唐代的陸亘大夫問南泉禪師:

「有人在一個瓶子裡養了一隻鵝,這隻鵝漸漸長大後,就出不了瓶子。現在既不能打破瓶子,又不能弄傷鵝,請問,怎麼樣才能讓鵝從瓶子裡出來?」

南泉禪師大聲喊了一聲:「大夫!」

陸亘回答:「是!」

南泉説:「出來了!」

陸亘當下大悟。

瓶中的鵝，實際上是生命困境的象徵。被困在瓶中的其實不是「鵝」，而是當事人的「心」。

要讓瓶中的鵝出來，走出人生的枯井，惟一的解決方法，就是釋放出自己被困住的這顆心。

成人不自在

　　從前，有兩塊石頭，開始的時候它們是難兄難弟，後來，命運卻發生了很大的變化：一塊受到敬仰和膜拜，一塊則沒人理睬，經常被人踩着。

　　受人敬仰的，是被雕成了佛像的那塊石頭；而被人踩在腳下的，是鋪在大殿地面上的那塊石頭。

　　鋪在地面上的石頭抱怨命運不公平：「咱倆本來差不多，憑什麼你受人尊敬我受人踩踏呢？」另一塊石頭說：「人家跪着拜我而踩着你，你可知其中的原因？我是忍着千刀萬剮的疼，被一刀一刀地雕成了佛像。你害怕身上一刀刀被挖被割的痛苦，所以你只能躺在地上，讓千人踩，萬人踏啊！」

　　黃檗禪師有一首禪詩說：「不是一番寒徹骨，哪得梅花撲鼻香？」──不經過一番痛苦的體驗，就不可能有所成就。如果要

想「成人」，成為能夠擔當「天將降大任於斯人也」的這個擔當大任的人，就一定要經受磨難。而在經受磨難的時候，只要我們保持一顆平常心，苦難也可以釀成一杯甘醇的美酒。

人生就像梅花，經歷了嚴寒，才會香氣撲鼻；人生也像茶葉，經歷了沸水，才會香氣濃郁。

水溫與茶香

一個失意的年輕人千里迢迢來到終南山山水禪房，拜訪明心禪師，沮喪地說：「人生不如意事常八九，充滿了煩惱和痛苦，實在沒有什麼意思，還不如一了百了。」

禪師靜靜地聽着年輕人的歎息，吩咐侍者：「施主遠道而來，去燒一壺溫水來。」

不一會兒，侍者端來了溫水。明心禪師把茶葉放進杯子，用溫水沏茶。

茶葉靜靜地漂浮在杯裡，葉片蜷縮着，沒有舒展開來的跡象。

年輕人疑惑了，問：「師父，您怎麼用溫水來泡茶？」

禪師笑而不語。年輕人喝了一口，搖搖頭說：「一點茶香都沒有呢。」

禪師說：「這可是上好的烏龍茶啊。」

禪師又吩咐侍者：「再去燒壺沸水來。」

過了一會兒，小和尚提着一壺沸水進來。禪師又取過一個杯子，放

上茶葉，沏上沸水。

茶葉在沸水的沖泡下，一股濃郁的香氣裊裊升了起來。

禪師笑問：「施主可知道，同樣是烏龍，茶葉的味道卻截然不同的緣故嗎？」

年輕人若有所思：「這是因為沖沏它的水，溫度不同的緣故啊。」

「正是。用溫水沏茶，茶葉漂浮在水面上，怎麼會散發出清香？用沸水沏茶，茶葉就可以泡得開，散發出香氣。

「不光是泡茶時的用水是這樣，就連這茶的產地，也是同樣道理。同樣是烏龍茶，一般烏龍茶的海拔低，溫差小；高山烏龍茶的海拔高，溫差大，所以高山茶的身價，通常要比一般的烏龍要高出四五倍呢。

「我們芸芸眾生，又何嘗不是如此？不經歷風雨，就像溫水沏的茶葉，只在表面上漂浮，根本泡不出香味；而只有那些經歷過風雨的人，才像被沸水沖沏的茶葉，滄桑歲月，幾度沉浮，才會有醉人的香氣啊！」

「人生就是一片茶葉，要沖泡才有味道」。「人生就是一片茶葉，要沖泡才有味道」。這是我近年在全國各地舉辦的各種禪學講座中，經常說起的兩句話。在茶道中，有很多程序，其中有一道就是投茶入壺。茶道中把投茶入壺稱做「菩薩入獄」，就好像菩薩進入地獄，普度眾生。茶葉被沸水沖泡，散發出香氣，比喻菩薩犧牲自己，成全了他人。有一首茶詩說得好：

本是草木中人，樂為大眾獻身。

不惜赴湯蹈火，欲振萬民精神！

人生是一個過程，它的意義，就是覺悟人生，奉獻人生。

而要奉獻人生，就要有一片茶葉的精神。這一片茶葉的精神，就是樂於獻身。

有兩句詩説：「一葉沖來千杯受，萬朵瓊花放清香。」表達的也是這種精神。這兩句話，充滿了大悲大願的力量，每當我讀起它的時候，總是感受到它的巨大的震撼力！如果每個人都做這一片茶葉，樂於獻身，這個世界將充滿生命的芬芳！

這種樂於獻身的精神，就是菩薩入獄，就是人生要經受沸水沖泡的煉獄之苦。

這種嚴酷的環境，看起來是對我們的折磨，實際上是對我們的成就。

相反，安逸舒適的環境，反而會使人意志萎靡，在不知不覺中喪失意志，浪費生命。

壓力變動力

作家冰心說：

> 順境，人之所求，卻無法有求必應；
> 逆境，人之所畏，卻往往不期而遇！

當逆境來臨，當壓力來臨，而我們又無法逃避的時候，我們要做的，就是把壓力變成動力。

羚羊與狼群

一位動物學家，對生活在非洲大草原奧蘭治河兩岸的羚羊群進行了研究。他發現東岸羚羊的繁殖能力比西岸的強，奔跑速度也要比西岸的

快。而這些羚羊的生存環境都是相同的，吃的草料也一樣。

為了探明其中的原因，他做了一個實驗。他在東西兩岸分別捉了十隻羚羊，把它們送到對岸。

結果，運到東岸的十隻羚羊，一年後繁殖到了十四隻；運到西岸的十隻，只剩下了三隻，另外的七隻，全被狼吃了。

動物學家終於發現了其中的奧秘。原來，河東岸的羚羊之所以強健，是因為在它們附近有一個狼群；河西岸的羚羊之所以弱小，正是因為缺少了這麼一群天敵。

沒有天敵的動物往往最先滅絕，有天敵的動物則會逐步繁衍壯大。

大自然中的這一現象在人類社會也同樣存在。

鯰魚效應

挪威人很喜歡吃沙丁魚。但是沙丁魚生活在深海裡，捕撈起來非常麻煩。更麻煩的是，好不容易捕到了沙丁魚，常常還沒有等船靠岸，這些魚就已經翻着白肚子，死了。

漁民們想了很多辦法，想讓沙丁魚活着上岸，但都失敗了。

然而，有一條漁船總是能夠帶着活魚上岸。這些活魚比死魚的價格要貴出好幾倍。

這是怎麼回事呢？這條船裡究竟有什麼秘密呢？

原來，這條魚船的主人發現，把剛捕上來的沙丁魚放入魚槽運回碼頭後，魚因為不適應離開大海後的環境，很快就會死掉。

為了讓這些魚活下去，漁民把幾條鯰魚放在魚槽裡，這一招很管

用。因為鯰魚是沙丁魚的天敵，當把它放進魚槽裡的時候，鯰魚出於天性，就會不斷地追逐沙丁魚。在鯰魚的追逐下，沙丁魚為了避免被吃，就要拚命游動，這就激發了它求生的慾望，從而活了下來。這樣一來，在沙丁魚到達港口的時候，都能存活下來。

　　這就是目前在經濟學上廣泛流傳的「鯰魚效應」。「鯰魚效應」的原理，就是通過引入外界的競爭者，來製造壓力，激發活力。當一個人處在競爭的環境裡，面臨強大的壓力時，反而會極大地增強生存能力和適應能力。

絕處可逢生

　　美國名作家羅威爾曾說：「人世中不幸的事情如同一把刀，它可以為我們所用，也可以把我們割傷。這要看你握住的是刀刃還是刀柄。」

　　遇到困難時，如果握住了「刀刃」，就會割到手；但是如果握住了「刀柄」，就可以用來切東西，讓它為我所用。

　　海洋的霸主鯊魚，就是絕境逢生的範本。

鯊魚生存術

　　很多年前，有一個年輕人，因為家裡窮，讀不起書，就來到城裡，想找份工作。可是他發現，城裡面沒一個人看得起他，因為他沒有文憑。

　　他感到很失落，準備離開那座城市。在決定離開那座城市時，他給

當時很有名的銀行家羅斯寫了一封信。在信裡，他抱怨命運對自己不公平，並說：「如果您能借一些錢給我，我會先去上學，然後再找一份好工作。」

信寄出去後，他就在旅館裡等。幾天過去了，他花光了身上的最後一分錢，將行李打好了包，準備離開。

就在這時候，房東說有他的一封信，這封信正是銀行家羅斯寫來的。

羅斯並沒有借錢給他，而是給他講了一個故事：

在海洋裡，生活着很多魚，那些魚都有魚鰾，惟獨鯊魚沒有。

沒有魚鰾的鯊魚，照理說是不可能活下去的，因為它行動極不方便，很容易沉入水底，在海洋裡只要一停下來就可能喪生。

所以，為了生存，鯊魚就必須不停地游動。久而久之，鯊魚就有了強健的體魄，成了魚類中最為兇猛的魚。

在信的最後，羅斯說，這個城市就是一個浩瀚的海洋，擁有文憑的人很多，但是，成為強者的人卻很少。你目前的情況，就是一條沒有魚鰾的魚……

這天晚上，年輕人躺在床上，輾轉反側，一直在琢磨着這封信。想着想着，他就有了主意。

第二天，他對旅館的老闆說，只要能給一碗飯吃，自己就可以留下來當服務生，一分錢的工資都不要。旅館老闆想，世上哪有這麼便宜的勞力啊，就很高興地把他留了下來。

年輕人經過艱苦奮鬥，十年後，擁有了讓全美國都很羨慕的財富，並且娶了銀行家羅斯的女兒。

這個人，就是石油大王哈特。

米奇老鼠的誕生

培根說：「奇跡多是在厄運中出現的。」用中國的話來說，就是「車到山前必有路」、「船到橋頭自然直」。

人在情緒低落的時候，就是掉到了枯井的裡面。掉到了井底，就要想辦法上來。

這時候，首先要保持冷靜，你可以這樣想：既然已經掉到了井底了，就不會再往下掉了；如果現在的情況已經很差了，就不會更差了。已經到了井底，接下來就會反彈，往後的日子一定會比現在好，咬咬牙就會挺過去的。同時，在枯井裡，你反而可以擺脫喧囂，靜下心來，把握住每一個可能出現的轉機。

現實生活中，就不乏這樣的事情。

有一位年輕的畫家，多次應聘工作，最後都以失敗告終，但是他始終不放棄自己成為一個畫家的夢想。

後來，他替教堂作畫，因為沒有錢租畫室，只好借了一家廢棄的車庫來當畫室，在那裡，他整天和老鼠做鄰居。

就這樣，年輕的畫家逐漸對老鼠的生活習性熟悉起來，對老鼠的神態也達到了瞭如指掌的地步。

後來，這位年輕的畫家被介紹到好萊塢，參加製作一部卡通片，這部卡通片是以動物為主題的。很可惜，面對這個難得的機會，他又一次失敗了。

　　晚上，他躺在床上，辛辛苦苦想着自己的出路，他甚至開始懷疑自己到底有沒有繪畫能力，懷疑自己是不是應該繼續畫下去了。

　　後來年輕人想，反正已經是失敗了，不會有比這更壞的情況了，以後的情況肯定會比現在更好，與其愁眉苦臉，哀聲歎氣，還不如快快樂樂，睡個好覺。

　　這樣想着，他就迷迷糊糊地睡着了。睡得很香很甜。他感到多年來幾乎沒有睡過這麼甜的覺了。

　　到了後半夜，車庫裡的小老鼠出來了，驚醒了他。他和小老鼠相互看着對方，距離是那麼近，小老鼠的眼睛滴溜溜地轉，神態非常可愛。

　　畫家靜靜地、聚精會神地看着小老鼠，看着看着，突然來了靈感。他很快畫出了一隻老鼠的輪廓。這個小老鼠的輪廓、表情、神態，活靈活現，非常可愛，堪稱神來之筆。

　　這個神來之筆，徹底改變了他的命運，也改寫了卡通的歷史。

　　就這樣，世界上最受歡迎的卡通形象——米奇老鼠誕生了。

　　這個年輕的畫家，就是迪斯尼先生。

　　如果迪斯尼先生沒有放下心裡的包袱，他就不可能在瞬間捕捉到靈感，就不可能走出那個陰暗潮濕的車庫，不可能走出人生的枯井。

　　歷史上凡是能成大器的人，絕大多數都經歷了百折千回的磨難，司馬遷在《報任安書》中說：「蓋文王拘而演《周易》，仲尼厄而作《春秋》，屈原放逐，乃賦《離騷》，左丘失明，厥有《國語》……詩三百篇，大底聖賢發憤之所為作也。」就司馬遷本人來說，如果沒有經受宮刑的奇恥大辱，也許就不會留下《史記》這部「史家之絕唱，無韻之離騷」了。

從絕路中轉身而出，是禪學中卓有成效的訓練方法。芭蕉慧清禪師問學人：

學禪的人在行路，突然遇到這種情況：前面是萬丈深坑，背後，熊熊燃燒的野火正在逼近，兩邊則是荊棘叢林。向前走，就會掉到萬丈深坑裡；往後退，就被野火燒身；轉向兩邊，又被荊棘掛住。在這個時候，怎麼樣才能避免災禍？（《五燈會元》卷九）

這是一種把學人逼向進退不得，左右為難的絕境，讓他們在性命攸關的時刻，領悟到起死回生的道路。

另一位義青禪師，也採用了類似的教學法。他問弟子們說：

大家來到我這裡，如果向前進，就會落到天魔的手裡；如果向後退，就會掉到餓鬼的口裡；如果不進不退，又會沉在一潭死水中。大家說說，這個時候，怎麼樣才能得到安穩呢？

這真是一個進不得、退不得的大難題！各人聽了，苦思冥想，都不得要領，禪堂上一片寂靜。禪師見了，微微一笑，點化大家說：

任憑你三尺大雪，壓不住一寸靈松！（《聯燈會要》卷二十八）

大雪壓不住靈松，天無絕人之路。能不能從絕路中轉身而出，就要看你的智慧了。正如那則著名的禪門公案所說——

學人問：「前有萬丈懸崖，後有虎狼獅子時，如何？」

師曰：「自在！」

人生的絕境，就是心理上的枯井，就是一種磨難。人的一生，難免要落入這樣的枯井。在落入枯井前，我們要有充分的心理準備。這個充分的心理準備，就是成人不自在，自在不成人。

成人不自在。要有所成就，必須要經受「苦其心志，勞其筋骨」的磨難，經受「千磨萬擊」的鍛煉。就像茶葉，在溫水中泡不出香味，只有在沸水中，才能散發出香氣。

自在不成人。過於安逸的生活，會麻痹我們的意志。這時候，一旦跌入枯井，就永遠沒有逃生的機會。

所以，我們要清醒地認識到，世界上很多所謂的絕境，都是我們心理上的絕境。一旦心理上的因素被化解，我們就可以走出枯井，走出絕境。

把壓力變成動力，在絕處求得生機，就可以絕處逢生，走出枯井，重見陽光，活出光明快樂的人生。

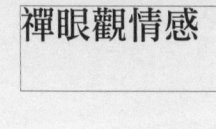

禪眼觀情感

歌德在《少年維特之煩惱》中說：「哪一個少年不鍾情，哪一個少女不懷春？」西方哲學家說，男人的一半是女人，女人的一半是男人。人一生下來，就在尋找自己的「那一半」。男歡女愛，本來是天經地義的事。但為什麼從古到今，特別是當代的人，在這個方面，卻屢屢馬失前蹄，飽經挫折，肝腸寸斷，五內俱焚呢？

這是因為，情感和慾望，是一柄雙刃劍。一方面它可以使人昇華，一方面它也可以使人墮落。如果處理得當，就會春風得意，一帆風順；如果處理不當，就會落花流水，焦頭爛額。

在當今時代，隨着各種觀念思潮的進入，越來越多的行為、觀念，正影響着我們的情感生活。本來是純潔而美好的情感，早已在談笑遊戲之間，被衝擊得支離破碎。

在情感方面，觀念越是開放隨意，行為越是不加節制，心靈就越是空虛寂寞。這就像銀行存款，造物主給每個人的數額都是相同的，你支取的越多，揮霍的越多，耗費的就越多，剩餘的就越少。等到揮霍一空的時候，必然會窮途沒路，一貧如洗。當人們縱身於慾望之流，隨波逐浪的時候，就會被洶湧的暗流所捲走、吞沒。

俗話說，玩火者，必自焚。遊戲情感的人，也一定會被情感所遊戲。在放縱感官刺激的同時，心靈的空虛也會達到它的極點。最後就會在慾海情天中，沉淪淹沒，喪身失命。

問情為何物

　　上個世紀八十年代，在男女之間的情感方面，人們還都很保守。傳統文化的氣息，還依然存在。經過了短短的三十年時間，這個時代發生的事情，真可謂「天翻地覆慨而慷」。各種情感奇聞，生猛爆料，猶如雨後春筍，層出不窮。回顧一年來各個媒體報道的事件，我們甚至用不着去看具體的內容，只需要看一看標題，就足夠領教這裡面的花樣百出、氣象萬千了。

逼婚‧猜忌‧分手

　　首先，是求婚變成了逼婚的，如「19歲少女買槍逼迫男友再續前緣」；「男子求婚不成自焚被深度燒傷」；「男子求婚不成在女方家中引爆身上炸藥」；「大學教師追求女學生遭到拒絕後割腕自殺」。

　　其次，是結婚之後雙方缺乏信任，互相猜疑的，如「女子懷疑丈夫有外遇持刀自殺」；「夫妻簽訂貞節協議若出軌需賠償10萬元」；「妻子懷疑丈夫有外遇深夜剪斷其命根」；「二奶受冷落僱私家偵探調查三奶」；「女子稱遭丈夫用定位手機監視要求離婚」；「丈夫偷做親子鑒定妻子得知欲離婚」。

　　再次，是到了分手、離婚的時候，心生不滿，採取極端手段的，如「男子不滿女友提分手將其裸照傳上網」；「男子鬧分手被女友持鐵棍打

倒」;「男子為挽回感情給妻子下春藥」;「男子不願離婚當街點火自焚」;「男子為留住女友刀捅自己胸口」。

　　在這個時代,婚姻與性愛也很有兒戲的色彩,如「時尚青年的手機在公交車上響起男歡女愛的聲音」;「暑假結束,醫院裡出現高中生女生做人流的高峰」;「18歲男孩網上舉行虛擬婚禮一年娶100多個老婆」。

隨緣而惜緣

　　重視緣分、珍惜緣分是禪的一個基本思想。所謂緣分，就是人與人之間的相逢相遇。這種相逢相遇，按照緣起論的觀點來看，既有生起的時候，也有消失的時候。有聚合，也有離散。如果不明白這個道理，就會生起執著，走入歧途；明白了這個道理，就可以正確面對，從而重視緣分，珍惜緣分。

　　我在上個世紀末曾撰寫過一套《佛緣叢書》，書中有兩句話：「佛緣本是前生定，一笑相逢對故人。」人與人的相識，看起來是偶然，實際上都是緣分所注定。這種緣分，是在「前生」(很長遠的過去)就已經注定了的，所以大家今天才會相逢，聚在一起，開心一笑。大家彼此相對的，不是陌生人，而是在很早的時候就已經相互認識的老朋友啊。有一首小詩說得好：

> 如何讓你遇見我，在我最美麗的時刻？
> 　為這，我已在佛前求了五百年，
> 　　求佛讓我們了結一段塵緣。
> 　　佛於是把我化做了一棵樹，
> 　　長在你必然經過的路邊……

五百年的請求，才能化成一棵樹，等待意中人的走過；五百次的深情回眸，才可以換得今生匆匆的擦肩而過。今生不經意的相遇，都是「前生」結的果。

那麼，今生的並蒂連理，百年好合，在「前世」，又究竟經歷了怎樣的修行呢？

在一個著名的禪的故事裡面，我們可以得到答案。

前世，究竟是誰埋了你

從前有個書生，和女朋友感情很好，兩人愛得如膠似漆。他們約好在某年某月某日結婚。但是，等到了那一天，未婚妻卻突然披上了別人的嫁衣。

書生遭到這個打擊，一病不起。家人想盡各種辦法，都無能為力。書生奄奄一息，氣若游絲，眼看就要命喪黃泉。這時，有一位禪師雲遊經過，知道這個情況後，就決心點化他。

禪師來到書生的病床前，取出一面風月寶鑒，讓書生先看反面。

書生一看，看到了一片茫茫的大海，驚濤拍岸，捲起千堆雪。海灘上，有一具女子的屍體，一絲不掛地躺在那裡。這時有一個人路過，看了女子一眼，搖搖頭，歎歎氣，走了；又有一個人路過，看着那個女子，心中不忍，就將上衣脫下，給女子蓋上，走了；之後，又有一個人路過，看那個女子，不禁流下了同情的眼淚。他找來了一把鍬，挖了一個坑，小心翼翼把屍體埋了。

　　書生看了這三個畫面之後，禪師又把風月寶鑑轉過來，讓他看正面。在鏡子裡，書生看到了自己的未婚妻，洞房花燭之夜，紅布蓋頭；和她在一起的，是喜氣洋洋的新郎官。

　　書生看了，心中不覺一驚：咦，怎麼這個新郎官和風月寶鑑反面中的一個人非常的相像？

　　書生不知道其中的奧妙，正在疑惑的時候，禪師點化他說：你看到了那具海灘上的女屍嗎？她就是你未婚妻的「前世」。你是第二個路過的人，曾經給過他一件衣服。所以她今生要和你談戀愛，做你的女朋友，和你好上一場，就是為了報答你的恩情。但是，她最終要用一生一世來報答的那個人，是那個把她掩埋的人，而那個人呢，就是她現在的丈夫！

　　書生大悟，唰地從床上坐起，頓時病就好了。

　　種瓜得瓜，種豆得豆。你付出了多少，就會收穫多少。書生明白了這個道理後，只怪自己當初沒有像她現在的丈夫那樣付出很多，因此，對這個結果也就心安理得地接受了。

　　在《紅樓夢》中，神瑛侍者用甘露澆灌絳珠仙草，使它化成了絳珠仙子。由於神瑛侍者動了凡心，要去凡間，去經歷「花柳繁華」、「溫柔富貴」。絳珠仙子為了報答他的恩情，就也要求到凡間去，用自己的眼淚來報答神瑛侍者的灌溉之情。於是，神瑛侍者化成了寶玉，絳珠仙子化成了黛玉。黛玉的眼淚，便從秋流到冬，從春流到夏，沒完沒了地流下去了。到最後，她的眼淚流乾了，她也就離開人世了。

　　在日本禪宗史上，有一個非常感人的故事，可以看作是「前世，究竟是誰埋了你」在現實生活中的翻版。

高尾染坊

日本的江戶時代，社會上盛行藝妓。這些藝妓都是經過精心挑選的聰明美麗的女孩子，從小要經過非常嚴格的訓練。她們精通琴棋書畫，知情識趣，專門和達官貴人交往，在社會上擁有很高的地位。她們中最優秀的被稱為「大夫」，只有王侯將相才能和她們交往。

當時最有名的是一位高尾大夫。她的聲名如日中天，平時只接待那些諸侯或者富商，每次接待都要價十五兩黃金。

有個名叫老久的染坊工人，心裡面很仰慕高尾大夫。但是他的身份地位太低了，根本不可能和高尾大夫交往，怎麼辦呢？他想出一個笨辦法。他花了三年的時間省吃儉用，靠自己的辛勤勞動，終於賺夠了十五兩黃金，然後謊稱自己是從大阪來的商人，家財萬貫，要求與高尾大夫見面。結果他達到了目的，老久終於跟他朝思暮想的高尾大夫相見了。

臨分別的時候，高尾大夫對他客氣地說：「請再光臨。」

一般人聽了，都會說「我會再來」之類的話。但老久老老實實地告訴她：「我得等三年之後才能再來一次。」

高尾大夫大吃一驚，再三追問是怎麼回事，才知道這個小伙子為了見她一面，竟然埋頭苦幹了三年。她心裡非常感動，說：「等我滿了期限，恢復了自由之身的時候，我就嫁給你。為了表示我的誠意，我把積攢下來的三百兩黃金交給你，請你代我保管。」

後來，高尾大夫作藝妓的期限滿了，就嫁給了老久。夫妻兩人同心協力，創立了全江戶第一的染坊。

她要一生一世報答的人，必定是那個對她全心全意地付出的人。

禪眼觀美色

　　現代人遊戲情感，在情感生活裡面夾雜着很多原始的慾望和衝動。人們縱身於慾望之流，在極度的感官刺激中，揮霍肉體，玩火自焚，將純潔美好的情感，糟踏得面目全非。將幸福寧靜的心靈，傷害得百孔千瘡。

　　和在女色面前心甘情願束手就擒的現代人不同，當禪師遇到美女時，卻能「敵軍圍困萬千重，我自巋然不動」，保持從容淡定。

關於女色的問答

　　一位禪師考問弟子：「應當怎樣來面對女色？」

　　第一個弟子答：「我將到深山裡隱居，永遠不見女色，那麼這一輩子，哪裡來什麼女色？」

禪師說：「眼中無色而心中有色，縱然躲到千里之外，月亮之上，又能解決什麼問題呢？」

第二個弟子答：「我見了這些女色，就像見了白骨骷髏，骯髒恐怖，這樣就不會再生起貪戀之心了。」

禪師說：「如果你心中的慾念沒有平熄，縱然是見了白骨骷髏，也覺得艷過桃花千倍，怎麼能不貪戀呢？」

第三個弟子答：「滿眼本非色，見了如不見。」

禪師說：「明明是色，卻說是『非色』；明明見了，卻說是『不見』，豈不是自欺欺人！」

第四個弟子答：「猶如木人看花鳥，何妨萬物常圍繞？」

禪師說：「這樣一來，你與草木石頭等無情眾生又有什麼區別？」

第五個弟子答：「色是色，我是我，見所當見，見又何妨！避所當避，避又何妨！」

禪師說：「善哉善哉，你是真正得到了其中的三昧了！」

「色是色」，不否認女色的存在，不抹殺女色的美麗；「我是我」，在欣賞、讚歎女色的同時，不受女色的迷惑，保持從容淡定的心態，這就是解脫的關鍵。

「見所當見」，該欣賞時欣賞，不刻意迴避；「避所當避」，該超越時超越，不心隨境轉。這就是禪者面對女色時的色空三昧。

真正得到了色空三昧的人，常在河邊走，就是不濕鞋。百花叢中過，片葉不沾身。

木堂和尚，就是得到色空三昧的一位高僧。

木堂和尚

在日本，有位叫木堂的禪師，在化緣回寺的路上，經過一個紅燈區，遇到一位女子。這個女子連聲招呼木堂説：

「木堂和尚，玩一玩再走吧。」

木堂禪師覺得很奇怪，就問她怎麼會知道自己的名字，原來那女子竟是自己廟裡一個信徒的女兒。她的父親經常到木堂和尚的寺院去，家裡有木堂和尚的畫像，所以認得。她對木堂和尚説，這裡已經有好長時間沒來顧客了，請求木堂和尚今晚務必留下來，陪自己一個晚上。

木堂和尚覺得彼此有緣才有如此的相遇，就進了那個女子的房間。他把化緣來的錢給了這位女子。但是，他不願上這個女人的床，盤着腿，閉着眼，在地板上坐起禪來。

到了深夜，女子耐不住寂寞，就引誘木堂和尚。木堂和尚説：

「你的工作是陪人睡覺，我的工作是坐禪。請你不要打擾我，我也勸你好好睡覺，省點兒力氣吧。」

兩人就這樣相安無事地度過了一晚。第二天早上，木堂禪師全身而返，回到了寺院。

佛印、道潛的禪詩

在古代文人士大夫中，蘇東坡居士是一個很有慧根，也很能搞惡作劇的文人。他和禪師們的交往，留下了很多趣事。

有一次，蘇東坡帶着歌女來到金山，拜訪老朋友佛印禪師。蘇東坡

想辦法把佛印禪師灌醉，讓歌女與禪師同臥一室，想出佛印禪師的洋相。第二天，佛印禪師醒來後，在牆上題了一首絕句：

> 夜來酒醉上床眠，不覺琵琶在枕邊。
> 傳語翰林蘇學士，不曾彈動一條弦！

在這首詩中，「琵琶」是比喻歌女。這首詩說，自己雖然被灌得酩酊大醉，喝高了，但仍然沒有亂了性子。不但沒有與歌女做出男女之事來，就是連碰也沒有碰她一下子。在詩中，佛印禪師流露出無限的自負。由此看來，佛印禪師的定力，比起坐懷不亂的柳下惠來，還要厲害很多。這位佛印禪師，是經受住考驗了的。

同樣是這個東坡居士，在徐州做官時，道潛禪師來拜訪他，蘇軾讓官妓馬盼盼求詩。馬盼盼是一位絕色的美人，所謂求詩，實際上是一個借口，含有挑逗的成分在內。道潛是見過世面的人，面對這個場面，笑着寫了一首絕句，就輕輕鬆鬆地化解了尷尬。這首詩說：

> 寄語巫山窈窕娘，好將魂夢逐襄王。
> 禪心已作沾泥絮，不逐春風上下狂。

這位道潛禪師把巫山神女的典故用到詩裡，意思是說，你這位多情美麗的巫山神女，還是去撩逗楚襄王那樣多情的人吧。至於我這位和尚嘛，心如沾泥的柳絮，春風吹不起它，早已無意於人間的男歡女愛了。

柳絮在春風的吹拂下，漫天飛舞。但沾上了泥濘後，春風再也吹拂

不起。道潛禪師用這個意象，來比喻自己心性淡泊沉靜，不會再受美色的逗引了。這個意象，取材於生活，生動鮮明，從此以後，中國人就經常喜歡用柳絮沾泥，來形容懶開倦眼看紅塵的逍遙灑脫的禪心。

這兩位禪師在面對美女挑逗時的表現，顯示了禪門大師修行的堅定，定力的堅固，對人世情慾的超越。但是，是不是「不曾彈動一條弦」、「禪心已作沾泥絮」就代表禪體驗的最高境界呢？

也未必如此。這兩則公案，只是說明禪師在面對女色時不動心的一面。不動心固然是一個高深的禪境，但是，如果對不動心的境界加以執著，它就成了枯木禪。

枯木禪是一種心如枯木死灰、缺乏生機活趣的心境，在禪的裡面，還不是最高的境界。

枯木禪

《五燈會元》第五卷裡，記載了一則故事，說有一位老婆婆，搭起了一個茅棚，供養一個和尚。她平常讓一個年方二八的妙齡姑娘給和尚端茶送飯，噓寒問暖。有一天，老婆婆想試一試這個和尚的修行究竟到了什麼程度，就對姑娘說：「今天你去送飯時，把他一把抱住，看看他有什麼話說。」

姑娘送飯時，一把抱住了和尚，問：「你的感覺如何？」

只聽得和尚非常堅定地說：

「枯木倚寒巖，三冬無暖意！」——我感覺自己像是一根枯死了的木頭，倚靠在冰冷的巖石上，在數九寒冬的天氣裡，心裡面沒有絲毫的暖

意啊！

在一般人的眼裡，和尚的這個回答是非常高深的禪境。因為他的修行已經達到了無情無慾的境界，他已經絲毫不為外物所動了。

姑娘把這兩句話稟報給了老婆婆。不料，老婆婆聽了後，非常生氣地說：「我二十年來辛辛苦苦供養的，原來是這麼一個粗俗不堪的傢伙！」就一把火燒了茅棚，把和尚趕走了。

修行了二十年的和尚，面對女色時，像枯木死灰一樣，毫不動心，卻被老婆婆趕走了。這到底是什麼緣故呢？難道老婆婆是希望這個和尚擁抱美女、和美女親熱而違犯戒律不成？如果真的這樣做了，這個和尚也一定會被老婆婆趕走。因為那說明這個和尚抵擋不住誘惑，幾十年的修行在瞬間化為泡影了。所以，後來有一位修行多年的和尚在回答這個問題時說：「如果是我的話，就會憐香惜玉，滿足肉體的慾望。」立即就被師父趕出了禪門。

另外，有一位和尚說：「只要不動心，抱女人睡覺應該沒什麼關係吧？」也被師父掃地出門。因為這種看法更是顯得牽強，往往會成為好色之徒滿足自己慾望的借口。

面對美女，使自己成為毫無生氣的枯木，或是一心一意想擁抱美女，都是大錯特錯。

那麼，這裡面的奧妙到底在哪裡？大家聽完這個故事的後半段就明白了。

後來，這個老婆婆畢竟是慈悲心重，她又找回了和尚，又給他搭蓋了茅棚，又讓姑娘去送飯，又囑咐姑娘如此這般。姑娘依言抱住禪師，和尚這一次的回答和上一次大不一樣，他的回答是：

「天知，地知，你知，我知，不可讓老婆婆知！」

這倒是很契合「如人飲水，冷暖自知」的禪體驗了。

由此可見，面對女色時，僅僅達到枯木死灰的程度還過不了關。試想，一個美人給你端水送飯，噓寒問暖，當這個美人抱住你的時候，你卻像枯木死灰那樣，這說明你確確實實是一段枯死的木頭了。枯死的木頭，怎麼能開悟呢？在這個時候，雖然你心中不可以生起情慾的念頭，但對她的感激、感恩之心還是要有的，否則你就是連起碼的一點慈悲心也沒了，不要說已經修了二十年，就是再修二十年，也是成不了正果的。

但是，男女身體零距離接觸時，感激、感恩之心很容易轉化為憐香惜玉之心，稍不留神，把持不住自己，就會出問題。這裡面的關鍵之處就在於，要把握好合理的尺度。把握不好這個尺度，就會出麻煩。這個尺度到底在哪裡？這就是「如人飲水，冷暖自知」，只可意會，不可言傳的了。

「不俗即仙骨，多情乃佛心」，禪並不是枯木死灰，而是充滿情感的。只不過，這種多情，與世俗之情，是截然不同的。

大愛鑄深情

　　「不俗即仙骨，多情乃佛心」，是中國文學裡一句古詩詞，說明佛和菩薩的多情。「菩薩」的意思有兩層，一是覺悟了的「有情」，一是使「有情」眾生都能得到覺悟。菩薩大慈大悲，要度盡一切眾生，你的痛苦我來承擔，你的煩惱我來解決，你的困難我來幫忙，是天下第一多情的人。菩薩犧牲自我，利益一切眾生，所以說，世界上最多情的人就是菩薩。

　　禪的深情，就是大慈大悲，就是大愛。慈，是與樂，給予對方快樂；悲，是拔苦，拔除對方痛苦。大慈大悲，就是無緣大慈，同體大悲。禪者對眾生無條件地給予快樂，這就是「無緣大慈」；禪者對眾生的病痛感同身受，這就是「同體大悲」。

　　凡俗的愛是以小我為基礎，以肉體的愉悅為目的。於是，人們沉淪於慾海情天，成為生死輪迴的根本。這是現代人遊戲情感而形成的頑症、絕症；禪者的愛，是昇華了一己之情的大愛，是

對眾生無私、徹底的愛，是「我不下地獄誰下地獄」式的大愛，是奉獻人生的大愛。

在《維摩詰經》中，維摩詰居士託疾毗耶離城，大家紛紛前來探視，詢問居士為什麼會生病。維摩詰回答說：「我愛惜眾生，就像愛惜自己的子女。眾生病了，我也就有了病。如果眾生的病好了，我的病自然而然就會好起來。」

維摩詰的話深刻地表達了禪的精髓。這種精髓，在禪的生活中，得到了生動的體現。

韓國的鏡虛禪師，就是這一精髓的實踐者，就是一位富有大愛之心的禪者。

鏡虛禪師

一天晚上，鏡虛禪師帶着一個女人回到房中。然後關起了房門，和那個女人同住同吃。

他的徒弟滿空法師，擔心大家知道這件事，對師父的名聲不好，就守在門外，遇到有人找師父時，就用「師父正在休息」之類的話來擋駕。

但這樣下去也不是長久之計，滿空就鼓起勇氣去找師父。剛一進門，就看到一個長髮披肩的女人躺在床上，身材苗條，背部又細又白，是如此的美麗。滿空還親眼看見師父很自然地在她身上摸。

徒弟一見，非常衝動，再也看不下去了。他向前走了幾步，大聲問

道：「師父，您這樣做，不是有損於大師風範嗎！您怎麼對得起十方大眾對您的敬仰之情呢？」

鏡虛禪師一點也不生氣，輕言慢語地說：「我怎麼就不能做大眾的楷模了呢？」

弟子用手指着床上的女人，用指責的語氣說：「你看看！」

鏡虛禪師心平氣和地對徒弟說：「你看看！」

因為師徒倆在對話，床上的女人緩緩地轉過身來。徒弟一看，大吃一驚！因為他看到的那張臉，不是想像中的那個美若天仙的臉，而是一張看不到鼻子、眉毛，連嘴角也爛掉了的臉。原來，這是一個患了麻風病的瘋女人，她正在用一種不知道是哭還是笑的表情在看着自己。

這時候，師父把手上的藥往弟子面前一伸，淡淡地說：「喏，現在你來給他抹藥吧！」

弟子心生慚愧，當時就跪了下來，說：「師父！您能看的，我們不能看；您能做的，我們不能做。弟子實在是愚癡得很！」

只有將世俗的情感轉化為對眾生的大愛之心，生命的境界才會有大的提升。

倉央嘉措的情詩

情天喇嘛倉央嘉措有一首迴腸蕩氣的情歌：

那一天
閉目在經殿香霧中

蓦然聽見
你頌經中的真言
那一月
我搖動所有的轉經筒
不為超度
只為觸摸你的指尖
那一年
磕長頭匍匐在山路
不為覲見
只為貼着你的溫暖
那一世
轉山轉水轉佛塔
不為修來生
只為途中與你相見

這首詩寫得奔放熾烈，一往情深。倉央嘉措還有一首小詩：

> 常慮多情損梵行，入山又恐別傾城。
> 世間安得雙全法，不負如來不負卿！

這首詩把一個出家人在選擇修行與選擇美人之間的徘徊與悵惘，表達得百轉千回，淋漓盡致。詩意說，有了世間的情愛，就有損於出家的修行；進入深山老林修行，又割捨不下與美人的情緣。那麼，這世上到底有

沒有一個兩全其美的方法，既不妨礙修行，又不辜負意中人呢？

按照傳統的看法，魚和熊掌都想兼而有之，這就是在做白日夢。

但是，禪的智慧卻可以讓我們兩者兼而有之。

明代張潮《幽夢影》有兩句話說：「以愛花之心愛美人，則領略自饒別趣；以愛美人之心愛花，則護惜倍有深情。」這兩句話很有意思，我們將其加以改造，就成了以下的兩句話：

用愛佛之心愛美人；

用愛美人之心愛佛。

以愛美人之心愛佛，就會愛得深情，愛得專注；

以愛佛之心愛美人，就會愛得忘我，愛得無私。

這樣一來，就是「好德如好色」，就化解了孔聖人「吾未見好德如好色者也」的難題了。這就叫「真好色者必不淫，真愛色者必不濫」（《幽夢續影》）！

現代人放縱慾望，衝出底線，沉淪在慾海情天，陷身在肉慾的泥潭，禪的情感，可以為現代人淨化自我提供一個很好的解決方法：

緣分來到時，要好好地珍惜，幸福地擁有；緣分散去時，要平靜地面對，坦然地接受。得到了是緣，未得到也是緣。相遇是緣，錯過也是緣！緣來緣去，不可強求，也不必強求。

在情感生活中，要更多地付出和奉獻，而不能一味地想得到、佔有。

禪的情感的最高境界是：將一己的情感，昇華到對整個眾生的熱愛和奉獻。

禪的情感，永遠是精神生命的一片淨土。

禪眼看財富

有一個正在幹活的老農民，搞不清佛教和道教的區別，就問路邊經過的法師：「你是信佛教還是信道教？」

法師說：「佛教。穿袈裟的是佛教，穿道袍的是道教。你信什麼教呢？」

老農認真地回答說：「我既不信佛教，也不信道教，就信『睡教』！」

法師聽了，若有所悟：當一個人沒有財富，處在貧困線下，溫飽問題尚未解決，就很少有時間和精力去考慮精神生活。

因此，人類首先必須滿足必要的物質需求，然後才能談得上精神生活。

釋迦牟尼大徹大悟後，四處遊化教導眾生。一次他和弟子們到外面接受施主的供養回來，路上遇到了一個飢腸轆轆的人，樣子十分痛苦。

弟子們請釋迦牟尼給這個人說法，用來減輕他的痛苦。

釋迦牟尼說：「你們這些弟子啊！這個人現在最需要的是一碗飯，你們先去找一碗飯來吧。」

等這個人吃飽喝足了之後，釋迦牟尼才給他宣講人生的真諦。

可見，佛教並不否定人生應當獲得溫飽的生活。為獲得溫飽的生活而從事的世間的各種生產活動，與追求佛教的最高真理——實相——並不相違背。所以禪的經典《法華經》說：「一切治生產業，皆與實相不相違背。」——所有正當的生計經營，都與追求真理不相違背。

在有關禪的財富觀中，存在兩種偏見。一是偏於空，使人們誤以為禪者主張貧窮，從而導致苦行主義。二是偏於有，使人們誤以為禪者主張拚命地去積聚財富，從而導致縱慾主義。這兩者，都與禪的財富觀相差甚遠。

金錢多弊端

　　現代社會經濟高度繁榮，財富極大豐富。大部分人忙忙碌碌地奔走，殫精竭慮地算計，為的是盡可能多地積聚財富。

　　我們為事業操勞，為家庭操勞，為擁有更多的財富操勞，無非是為了過得更幸福。但實際上，當你沒有錢的時候，你很煩惱，為生計發愁；當你擁有巨額財富之後，幸福是否就從天而降？在錦衣玉食、裘馬清狂的表面的風光之下，到底有多少人，能夠確信自己已經找到了幸福？

　　如果幸福和物質條件能成正比的話，那麼世界上最富有的人，一定是最幸福的人。可事實上並非如此。很多富有的人，一生為財富所累，他們的生活並無幸福可言。

　　許多事業成功人士，有着百萬、千萬甚至上億的財產，可是他們連人生最基本的快樂都不能正常享有：擁有豪華別墅，卻不能安然入眠；面對山珍海味，卻沒有一點點胃口……在旁人可望而不可及的奢華生活中，他們並沒有體會到幸福的感覺。

　　而另外一些人，雖然物質條件很簡陋，卻一樣可以怡然自得地生活。

　　為什麼會出現這兩種截然不同的情況？這是因為，如果我

們有了貪心，即使擁有了很多財富，還在為佔有更多的財富而煩惱，永不滿足。反之，少慾知足的人，即使過着最簡樸的生活，也能在簡樸的生活中體驗人生的樂趣。

自從晉代人魯褒《錢神論》將錢稱為神，把它喚做兄——孔方兄——以後，中國的文人對金錢基本上持諷刺的態度。明代文人袁宏道的詩說：

> 閒來偶讀錢神論，始識人情今益古。
> 古時孔方比阿兄，今日阿兄勝阿父！

詩意說，讀了《錢神論》，才知道現在的人比古人對錢更着迷。古時的人還不過把錢稱為孔方兄，現在的人對這位阿兄的情感，比對親生父親還要看重得多！

人為財死，鳥為食亡。世人在追逐財富的過程中，往往會陷入誤區，以至於迷失了本性。《紅樓夢》裡的那首《好了歌》說：「世人都曉神仙好，惟有金銀忘不了。終朝只恨聚無多，及到多時眼閉了。」生動形象地道出了芸芸眾生追逐財富卻賠進去一輩子時光的可憐。

在1997年6月開始的東南亞金融風暴中，香港精神病院裡的病人數量猛增。股票的狂跌使他們一夜之間身無分文，精神處在

崩潰的邊緣。醫院方為了治療這批特殊的病人，緩解他們的心靈創傷，就使用了一套模擬的股票交易系統，來演示給他們看，讓他們看到下跌的股票飛速上漲。這一招果然很靈，這些人一看到股票一路飆升，立即像注入了強心針似的，整個人馬上就精神煥發。這些人將積聚財富作為生活的惟一目標，一旦失去了財富，就失去了整個精神支柱，這樣的人生無疑是可悲的。

在禪的經典中，金錢就是傷害人的毒蛇。

金錢是毒蛇

佛陀在世時，每天以乞食生活，阿難是佛陀的隨身侍者。一天，佛陀和阿難在乞食的時候，經過一個水溝，佛陀看到了什麼東西，回頭對阿難說：「阿難！毒蛇！」阿難看了看，也說：「毒蛇！世尊！」兩人一邊說着，一邊就走過去了。

當時，有父子兩人在田裡勞動，聽說有毒蛇，就跑過來看看。不看也罷，一看，兩人高興得跳了起來。哪裡是什麼毒蛇！溝裡面明明是一罈黃金！父子倆歡天喜地，把黃金搬回家去了。

得到了黃金之後，他們取出其中的一塊到金舖裡兌換。金舖裡的人見他們是窮人，心裡起了懷疑，暗暗地報告了官府。一會兒，官府的人就把父子倆捉了去，再到家裡去搜查，把家中的黃金全部搜了出來。審問之後，就判了他們盜竊國王財產的罪。

當時是波斯匿王時代，按當時的法律規定，凡是藏在地下的，都歸國王所有。這父子兩人，就以非法佔有國家財產的罪名被判了死刑。

在刑場上，父親忽然想起了什麼，對兒子說：「這真是毒蛇！」兒子也望着父親說：「確實像世尊和阿難所說的那樣，這真是毒蛇！」

監斬官聽了他們的對話，覺得很奇怪，就報告了國王。國王聽了，問他們這兩句話的由來，父子倆就把那天在田間遇到佛陀的事說了一遍。

國王知道了這個情況後，就把他們釋放了。父子倆這才逃過一劫。

在現實生活中，金錢毒蛇害人的例子，舉不勝舉。

巨獎的禍害

一個美國人中了彩票頭獎。可是金錢沒有給他帶來快樂，卻帶來了無窮的煩惱，最後幾乎是家破人亡。

得頭獎的人名叫傑克。他本來就是一位百萬富翁，有一個恩愛的妻子，有一個視為掌上明珠的外孫女。2002年聖誕節期間，傑克中了強力球彩票大獎，他在上稅後，一次性領取了1.13億美元支票，成了一名「億萬富翁」。

但是在這以後，傑克平靜的生活卻從此一去不復返了。附近的人知道他發了大財後，不管認識不認識他，都想從他身上撈一筆。他被弄得煩躁不安，脾氣暴躁。

然而最不幸的是他視若掌上明珠的外孫女的遭遇。傑克的女兒因為丈夫自殺，自己又得了癌症，在女兒很小的時候就把她寄養在父親家。傑克夫婦把孩子親自撫養大，對外孫女非常寵愛。

　　當時他的外孫女16歲，在高中唸書，是一個健康、快樂的普通女孩。自從外公中了大獎以後，她經常用外公的錢擺闊氣，請吃請玩還是小事，她還拿外公的錢買豪華轎車，僱同學當司機。她出手闊綽，給同學送昂貴的禮品，其中有時髦的服裝，甚至有鑽石戒指。並且，有了錢之後，逃學就成了家常便飯。逃學後，她漫無目的地遊蕩，就結交了一批吸毒的人，最終因為吸毒過量，年紀輕輕就死掉了。

　　這讓傑克痛不欲生，可是傑克並沒有真正明白究竟是什麼導致了他外孫女的死亡，他認為那些教唆外孫女吸毒的人是罪魁禍首。他不明白，真正的禍根是錢。後來，傑克的妻子也向他提出了離婚訴訟，和他爭奪財產。一個原本美滿的家庭，就這樣被金錢給毀掉了。

　　在中國也有很多活生生的故事，一對夫妻癡迷於彩票，每個月的工資除了必要的花銷外，基本上都買了彩票。這樣投資了許多年，功夫不負有心人，他們終於獲得了500萬的大獎，這樣夫妻二人一下子就從赤貧走上了暴富。他們很快就搬了家，脫離了原來的生活圈子。但是，他們自己給自己帶來了麻煩，夫妻二人大吃大喝大手大腳，兩口子的生活作風也很不檢點。倆人都喜歡上了賭博，丈夫包二奶，妻子包二爺，夫妻彼此指責爭吵，最終不得不離婚。然而在離婚的時候，他們發現雙方都背上了賭債，而家裡的存摺已經花得精光了。最終的結局是妻子殺死了丈夫，自己也服毒自殺，一個家庭因為瞬間的暴富而土崩瓦解。

　　據統計，大部分中了大獎的人，都沒有從獎金中得到快樂。不但沒有給社會創造更多的快樂，反而製造出許多痛苦。

　　由此可見，金錢的弊端是多麼大。但是，我們也要記住中國的一句古話：水能覆舟，也能載舟。用禪學的話來說，就是「錢多不辦道，無錢

不辦道」。錢多了影響修行，但沒錢也難以救度眾生。在禪學看來，財富的本身並沒有好壞的性質，關鍵在於你有沒有用一顆智慧的心來面對。當你成為財富的奴隸時，就沒有幸福可言；當你成為財富的主人時，財富就可以增加人生的快樂。

財富有意義

當我們用一顆智慧的心靈來對待財富、處理財富時，財富的積累，既是個人能力的表現，也可以促進社會的繁榮進步。

東方和西方的聖賢、哲人，一方面對財富役使人類的情況表示了擔憂，一方面對用正當手段和正確目標積聚財富的行為，給予了充分的肯定。

《管子》說：「倉廩實而知禮節。」只有基本物質生活滿足了，才會考慮道德問題。

《論語》說：「富且貴，人之所欲也，不以其道得之，不為也。」「邦有道，貧且賤，恥也；邦無道，富且貴，恥也。」——用正當的生活智慧得到的財富，是可以安然享用的。在一個政治昌明的時代，貧賤是一件令人可恥的事情。

司馬遷在《史記》中寫了《貨殖列傳》，成為中國經濟學上的第一篇傳記。司馬遷看法與眾不同，在當時大家看不起貨利的時候，他卻認為貨利非常重要。司馬遷還引用「倉廩實而知禮節，衣食足而知榮辱」這兩句名言，提出禮節、仁義這些德性，是以安定的生活與充足的財富為基礎的。有了財富，才能發揮出仁心義行。

　　這種觀點在西方也廣為流行，馬克斯·韋伯在他的名著《新教倫理與資本主義精神》中指出：

　　人們可以通過世俗生活的成功，向外界表明其是上帝的選民。而這種成功，就是不斷地積累財富。財富積累得越多，就越成功。

　　按照這種觀點，財富積累得越多，就越有資格當「上帝的選民」。在這種思想的引導下，資本主義得到了很大的發展。

佛教與財富

　　在禪學中，對財富的意義也給予了肯定。在《鴦覺經》裡，釋迦牟尼把人類分成三種：

　　一、雙眼瞎。指沒有財富的人。這種人不知道如何使自己的財富增長，同時也無法區分道德上的好壞。

　　二、獨眼龍。有財富但沒有德行的人。這種人只有一隻金錢的眼睛，而沒有道德的眼睛。這種人只知道如何使自己擁有的財富增長，而不知道如何培養好的道德品質。

　　三、雙眼明。既有財富又有德行的人。他既有金錢的眼睛，又有道德的眼睛。他既能使他已有的財富增長，又能培養良好的道德品質。

　　佛陀把沒有財富的人看做雙眼瞎，而不是把沒有精神的人看做雙眼瞎，可見在這裡，禪學肯定了金錢的合理價值，對它並沒有一味的排斥。

　　禪學肯定財富的合理價值，並且也深知「衣食足而後知榮辱」的人性的普遍性。佛陀非常清楚，豐衣足食、獲取財富是人類的基本的需求，連肚子都填不飽的人，是不要奢求他有更高的精神的追求的。

　　大乘禪者認為，財富是助道的勝緣，是修行人必要的福德資糧。在《阿彌陀經》等經典中，理想中的西方極樂世界，黃金鋪地，寶樹莊嚴，非常華麗和富有，可以稱得上是世界上最富麗堂皇的國土。與小乘羅漢的苦行僧形象，身上沒有什麼裝飾不同，大乘菩薩的畫像，全身戴滿了瓔珞珠寶。大乘菩薩救度眾生，不但要法施，還要「財施」，用金錢做慈善工作，服務社會。

佛眼看鑽石

　　麥可‧羅區是一名在西方享有盛名的禪者。他在學禪二十二年之後，獲得了藏傳佛教的最高學位格西學位。自1981年以來，他開始教授禪學。他是安鼎國際鑽石公司的創始人之一。他用自己的親身體驗為例，讓讀者從新穎的角度理解禪的智慧。他寫了一本風靡歐美的著作，這本書的名字叫《當禪師遇到鑽石時》。

賺、花、值

　　在這本書中，作者提出了經營人生的三個原則：

　　第一個原則：要做生意就要成功，就要賺錢。賺錢和修行絕不衝突，賺錢也可以變成修行的一部分。錢的本身並沒有罪過，能有本事讓它源源不斷，是一個人成功的標誌。擁有較多資源的人要比沒有資源的人更容易多行善事。

　　第二個原則：我們應該能夠享用金錢。要學會如何能一邊賺錢，一邊還能保持身心的健康，要用健康的態度去面對金錢。創造財富的過程不應該讓我們身心俱疲，否則就失去了經商原有的目的，就像下面的這組數字：

　　1000000

　　最前面的這個1，就是我們的身體，以及滋養這個身體的心靈。如果

身心不健康，則家庭、事業、功名等等，全都是 1 後面的那些零，不管有多少個，都是零，都沒有任何意義。

　　第三個原則：一個人在晚年回顧自己的一生時，應該感覺到這一生的經營是有意義的。每個人的事業和人生都有盡頭，當回顧這一生的經歷時，我們應當覺得這一輩子活得值，沒有白活。

　　我將這三個原則總結成三個字，就是：

　　賺！花！值！

　　賺：做生意一定要賺，為人一定要成功。

　　花：賺了錢之後，要善於花錢。自己消耗的、享受的錢財畢竟有限，要想將你的成功和快樂放大十倍、百倍、千倍，就要把你的錢花在為大眾服務的事情上。同樣，對於有智慧和修養的人來說，你的名聲越大，你所擁有的資源越多，你就越可以造福社會，奉獻人生。

　　值：當我們善於經營我們的生意、事業後，到了生命的晚年，回顧此生，就會無怨無悔。

　　善於安頓好我們的身心，享受財富帶給我們的樂趣，在經營事業與經營自己的方法中看到永恆的意義，就是取之不盡用之不竭的禪智慧。

禪者的佈施

　　禪者是如何合理地支配財富的呢？在經典中，釋迦牟尼指示，應將每年的收入，分作四份來支配：

　　一、資用。就是日常的生活必須。

　　二、積蓄。人生無常，每個人都可能有意外發生。因此，需要積蓄

一定數量的金錢，以備不時之需。

三、經營。通過各種渠道理財，使財富能夠不斷增長。

四、作福。從事慈善事業，幫助弱勢群體。

這四種劃分方法，對今天的人來說，仍然是一個很切實可行的理財方法。

禪者處理財富的根本方法是佈施。禪者普度眾生，積極開展利益眾生的各項事業，尤其是慈善事業。

佈施，主要有兩層涵義：第一是財佈施，是物質的佈施；第二是法佈施，是精神的佈施。

一位成功人士說：「繼續賺取更多的財富或許對自己並不需要，但還有許多人有需要，我可以更好地利用金錢去幫助有需要的人。」當我們具備了禪的智慧，具有一顆大愛之心，就可以在利益自己的同時，通過佈施的方法，利益他人，利益社會。

金錢的價值在於使用，成功的企業家最終走向慈善家。企業家不過是「移動財富的人」，把財富從社會人群中移動到你的口袋裡，再從你的口袋裡挪給社會人群。辛辛苦苦地積累了財富，到最後自己花不完所有的錢，還是要捐出去造福社會。不管你願意不願意，最後你都得捐，那些錢都不是你自己的。所以有人說，前半生賺錢，後半生捐錢。既然不管你願意不願意到最後你都得捐，你為什麼非要做一個吝嗇痛苦的人，而不做一個慷慨快樂的人呢？

什麼是富有？有時我們認為，富有就是有錢，最富的時候就是錢最多的時候。然而在現實生活中，一個人最富的時候卻往往不是在錢最多的時候，而是在他能夠為別人付出的時候。

美國石油大王洛克菲勒出身貧寒，在創業初期，人們都誇他是個好青年。當黃金源源不斷地流進他的金庫時，他變得貪婪、冷酷。賓夕法尼亞州油田地帶的公民深受其害，有的受害者做了他的木偶像，對木偶像處以絞首的極刑，把木偶像點上汽油焚燒。無數充滿憎惡和詛咒的威脅信像雪片一樣飛進他的辦公室。

洛克菲勒53歲時，疾病纏身，醫生們向他宣告了一個在他看起來非常殘酷的事實：他必須在金錢與煩惱、健康與輕鬆兩者之中選擇其一。他選擇了後者，就是健康與輕鬆。他開始練習打高爾夫球，上劇院看喜劇，還經常跟鄰居聊天。經過一段時間的反省，他決定要將龐大的財富捐給別人。

他造福社會的慈善行為，受到了大家的尊敬和愛戴，還給他帶來了用金錢買不到的平靜、快樂、健康和高壽，他53歲時差一點送命，最後卻活到了98歲高齡。他因為追逐金錢而臨近死亡，又因為及時醒悟善用金錢而自救。

無獨有偶，鋼鐵大王卡內基，年輕時拚命掙錢，年老時仗義疏財，慷慨解囊。臨死前卡內基只留下很少的錢給兒子，幾乎捐出了全部家產。卡內基雖然已經逝世，但他的名言——「我只是上帝財產的管理人，在巨富中死去，是一種恥辱」，卻一直在後世流傳。

2006年6月26日，世界第二大富豪巴菲特正式決定捐出他全部財產的85%，約375億美元，這是美國和世界歷史上最大的一筆慈善捐款。

2008年，曾十五年排名世界第一富豪的比爾‧蓋茨又創造了新的紀錄，捐出了580億美元。

智慧無窮盡

世間的一切物質財富都是有窮有盡的，只有精神的財富——智慧，才是無窮無盡的。

我們除了追求物質的財富之外，更要追求精神的財富。精神財富就是禪者所稱的功德法財，也就是禪的智慧。

世間的資產，有固定資產和流動資產的說法。事實上，所謂的固定資產也只是具有相對的穩定性，房產會折舊，設備會損耗，它們的使用壽命都是有限的。

所以，當我們經營財富時，不要只看自己眼前得到了什麼，還要看自己為此失去了什麼，否則就會在得到有限的物質財富的時候，做了人生最大的輸家。就像明珠彈雀那樣，在得到麻雀後，才知道，自己失去的東西，遠遠超過了所得到的這一點點。

如果經商賺錢不能增加人生的幸福感，那麼賺到的錢又有什麼用呢？

錢可以買到衣食，但買不到滿足；

錢可以買到藥品，但買不到健康；

錢可以買到環境，但買不到欣賞、享受環境的心情。

如果說有什麼可以稱為人生的固定資產，那麼，智慧是當之無愧的。

豆腐坊的笑聲

從前，有一位富翁，每天勞神費心，愁眉緊鎖，難得有個笑臉。

在富翁的隔壁，住着磨豆腐的小兩口。俗話說，人生三大苦：打鐵撐船磨豆腐。但這小兩口卻樂在其中，一天到晚歌聲笑聲逗樂聲，不斷地傳到富翁的家裡。

這一天，富翁忍不住走入豆腐坊，看到一對小夫妻正在辛辛苦苦地勞動。

富翁大發惻隱之心，同情地說：「你們這麼辛苦，只能靠唱歌來解悶，我願意幫助你們，讓你們過上真正快樂的生活。」

說完，他就放下一大筆錢走了。

這天晚上，富翁躺在床上想：「這對夫婦再也不用辛辛苦苦地做豆腐了，他們的笑聲會更響亮的。」

可是，第二天早上，富翁卻沒有聽到小夫妻倆的歌聲。第三天，第

四天，還是沒有歌聲。富翁好生奇怪，就要前去看個究竟。

就在這時，正好做豆腐的男主人從家裡出來了，他見了富翁急忙說道：「先生，我正要去找你，我要還你的錢。」

富翁非常不解地問：「為什麼？」

對方說：「在沒有這些錢時，我們每天做豆腐賣，雖然辛苦，但心裡非常踏實。自從得了這一大筆錢後，我和妻子反而不知如何是好了：我們還要做豆腐嗎？不做豆腐，那我們的快樂在哪裡呢？但如果還要做豆腐，我們已經能養活自己，要這麼多錢做什麼呢？放在屋裡，又怕它丟了；要做大買賣，我們又沒有那個能力和興趣。這樣合計來合計去，再也沒有心思說笑了。所以還是把它還給你吧！」

富人只好收回了錢。第二天，他又聽到了豆腐坊傳來的笑聲。

當代社會是一個關注金錢、追求金錢的社會。當金錢支配了人的時候，它就成了毒蛇，給無數的家庭帶來了災禍；而當我們運用智慧，使金錢為我所用時，就可以使它造福於人類。

禪者對待金錢的態度是賺、花、值。做生意就要賺錢，賺錢就要會花錢。花在自己身上的錢畢竟是有限的，將金錢佈施給最需要它的人們，就可以使它發揮最大的作用，就可以使一個人的快樂和富有，放大十倍、百倍、千倍。這樣的人生才有意義，才叫做「值」。

世界的物質財富有窮有盡，而精神財富卻是無窮無盡的。人生最寶貴的財富就是智慧。心靈的快樂，就是人生最大的幸福和財富。

附錄一：禪語百則

1. 無
2. 夢
3. 默
4. 松風
5. 如是
6. 放下
7. 喫茶去
8. 看腳下
9. 本來面目
10. 無位真人
11. 柳綠花紅
12. 體露金風
13. 正法眼藏
14. 涵蓋乾坤
15. 悲智雙運
16. 和敬清寂
17. 一期一會

18. 獨坐大雄峰
19. 平常心是道
20. 白馬入蘆花
21. 萬里一條鐵
22. 直心是道場
23. 無事是貴人
24. 大道透長安
25. 春來草自青
26. 雲在青天水在瓶
27. 一超直入如來地
28. 永夜無風月獨清
29. 話盡山雲海月情
30. 摘茶更莫別思量
31. 此心安處是吾鄉
32. 無言自有妙言生
33. 在途中不離家舍
34. 清風匝地有何極
35. 應無所住而生其心
36. 身心脫落，脫落身心
37. 萬古長古，一朝風月
38. 空山無人，水流花開
39. 山高水深，雲閒風靜
40. 潛行密用，如愚如魯

41. 隨處作主，立處皆真
42. 鬱鬱黃花，無非般若
　　青青翠竹，盡是法身
43. 覺悟人生，奉獻人生
44. 本心，執著，放下，回家
45. 此夜一輪滿，清光何處無
46. 天共白雲曉，水和明月流
47. 白雲抱幽石，霜月照清池
48. 兩頭俱截斷，一劍倚天寒
49. 古松談般若，幽鳥弄真如
50. 打開無盡藏，運出無價珍
51. 山花開似錦，澗水湛如藍
52. 千江同一月，萬戶盡逢春
53. 傭他癡聖人，擔雪共填井
54. 行到水窮處，坐看雲起時
55. 處處逢歸路，頭頭達故鄉
56. 微風吹幽松，近聽聲愈好
57. 日日是好日，步步起清風
58. 道無心合人，人無心合道
59. 春色無高下，花枝自短長
60. 蘆花兩岸雪，煙水一江秋
61. 山河並大地，全露法王身
62. 身是菩提樹，心如明鏡台

時時勤拂試，莫使有塵埃

63. 菩提本無樹，明鏡亦非台
本來無一物，何處惹塵埃

64. 一切有為法，如夢幻泡影
如露亦如電，應作如是觀

65. 一花一世界，一葉一菩提

66. 迷悟皆由心，心為苦樂門
智慧轉萬物，步步蓮花生

67. 扶過斷橋水，伴歸無月村

68. 掬水月在手，弄花香滿衣

69. 移花兼蝶至，買石得雲繞

70. 坐石雲生衲，添泉月入瓶

71. 曲徑通幽處，禪房花木深

72. 風來疏竹，風過而竹不留聲
雁度寒潭，雁去而潭不留影

73. 雲無心以出岫，鳥倦飛而知還

74. 寒松一色千年別，野老拈花萬載春

75. 船橫野渡涵秋碧，棹入蘆花照雪明

76. 溪聲便是廣長舌，山色豈非清淨身

77. 猿抱子歸青嶂裡，鳥銜花落碧巖前

78. 一葉沖來千杯受，萬朵瓊花放清香

79. 竹影掃階塵不動，月穿潭底水無痕

80. 竹密不妨流水過，山高那阻野雲飛

81. 安禪未必須山水，滅卻心頭火自涼

82. 喫茶吃飯隨時過，看水看山實暢情

83. 無一物中無盡藏，有花有月有樓台

84. 水自竹邊流來冷，花從風裡過來香

85. 何處青山不道場，此心安處是吾鄉

86. 相送當門有修竹，為君葉葉起清風

87. 廬山煙雨浙江潮，未到千般恨不消

　　及至到來無一事，廬山煙雨浙江潮

88. 盡日尋春不見春，芒鞋踏破嶺頭雲

　　歸來笑捻梅花嗅，春在枝頭已十分

89. 春有百花秋有月，夏有涼風冬有雪

　　若無閒事掛心頭，便是人間好時節

90. 林間暖酒燒紅葉，石上題詩掃綠苔

91. 風吹碧落浮雲盡，月上青山玉一團

92. 種田搏飯家常事，明月清風富一生

93. 一塵不染心源淨，萬有俱空眼界清

94. 閒來石上觀流水，欲洗禪衣未有塵

95. 衝開碧落松千尺，截斷紅塵水一溪

96. 如夢如幻如泡影，賞風賞月賞秋香

97. 瓶花砌草皆真意，禪榻茶煙見道心

98. 春風大雅能容物，秋水文章不染塵

99. 海到無涯舟作岸，山登絕頂我為峰

100. 看得破，放得下；認得真，擔得起

附錄二：般若波羅蜜多心經

　　觀自在菩薩，行深般若波羅蜜多時，照見五蘊皆空，度一切苦厄。

　　舍利子，色不異空，空不異色。色即是空，空即是色。受想行識，亦復如是。

　　舍利子，是諸法空相，不生不滅，不垢不淨，不增不減。

　　是故空中無色，無受想行識，無眼耳鼻舌身意，無色聲香味觸法，無眼界，乃至無意識界，無無明，亦無無明盡，乃至無老死，亦無老死盡，無苦集滅道，無智亦無得。

　　以無所得故，菩提薩埵。依般若波羅蜜多故，心無掛礙。無掛礙故，無有恐怖，遠離顛倒夢想，究竟涅槃。三世諸佛，依般若波羅蜜多故，得阿耨多羅三藐三菩提。

　　故知般若波羅蜜多，是大神咒，是大明咒，是無上咒，是無等等咒。能除一切苦，真實不虛。故說般若波羅蜜多咒。即說咒曰：

　　揭諦揭諦，波羅揭諦。

　　波羅僧揭諦，菩提薩婆訶！

責任編輯　俞　笛

裝幀設計　鍾文君

圖片攝影　鍾文君

書　　名　禪的快樂密碼

著　　者　吳言生

出　　版　三聯書店（香港）有限公司

　　　　　香港鰂魚涌英皇道1065號1304室

香港發行　香港聯合書刊物流有限公司

　　　　　香港新界大埔汀麗路36號3字樓

印　　刷　深圳市恆特美印刷有限公司

　　　　　深圳市寶安區民治橫嶺村恆特美印刷工業園

版　　次　2010年4月香港第一版第一次印刷

　　　　　2010年8月香港第一版第二次印刷

規　　格　特16開（150mm×210mm）288面

國際書號　ISBN　978 - 962 - 04 - 2922 - 4

　　　　　© 2010 Joint Publishing (Hong Kong) Co., Ltd.

　　　　　Published in Hong Kong

本書中文繁體字版由中華書局（北京）授權出版